6-2

1+3

1+6

7-1

5-4

8-4

2+5

3+4

6+1

4-3

8-1

1+1

3+3

8-6

8-5

6-1

8-2

8-7

1+2

2+4

7-3

7-6

5-2

7-5

6-3

4-2

8-3

7-6

6-4

2+3

1+4

6-1

5-3

5-1

3-1

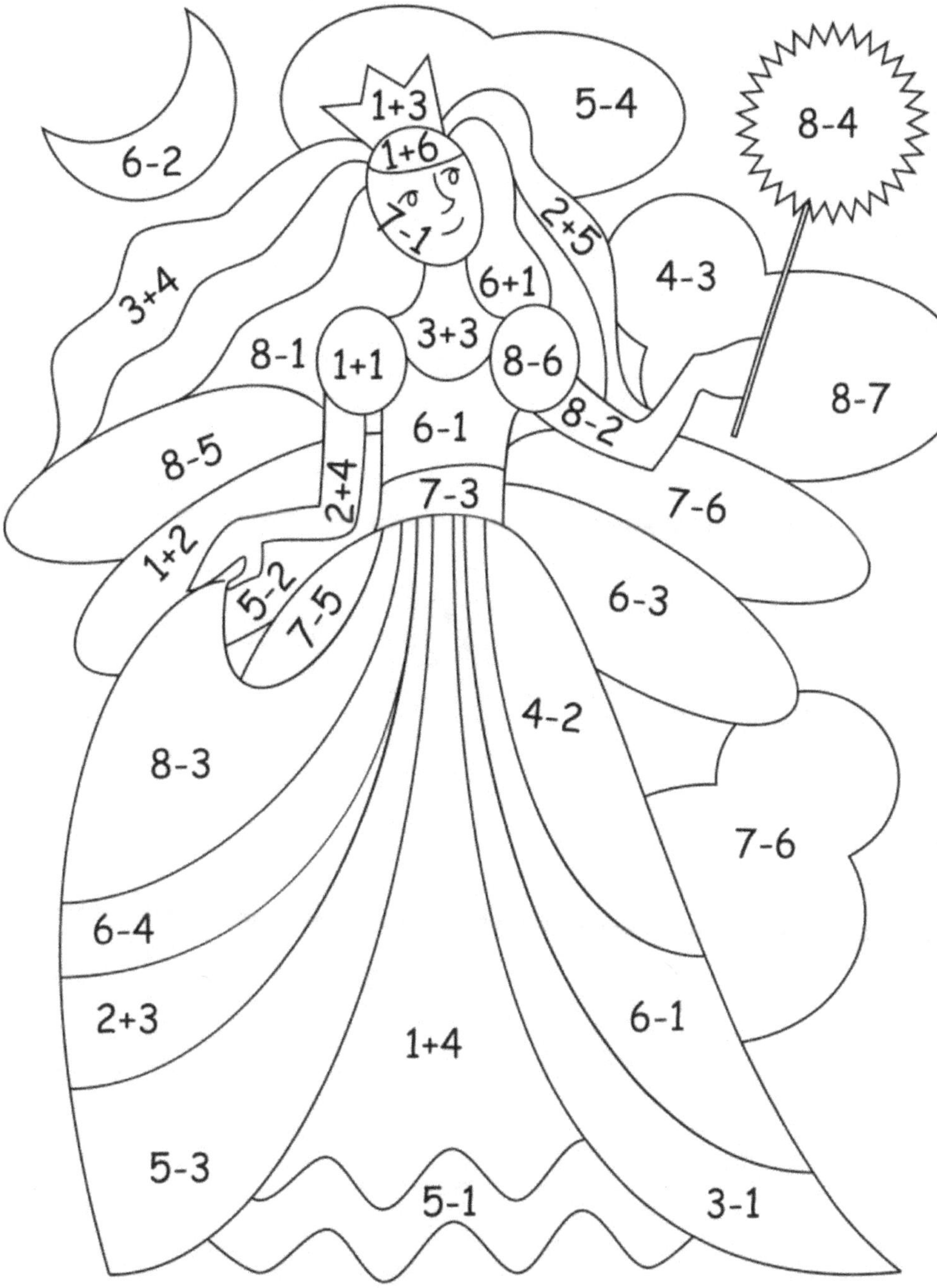

1.Cyan   2.Purple   3.Blue

4.Yellow 5.Lime   6.Pink   7.Orange

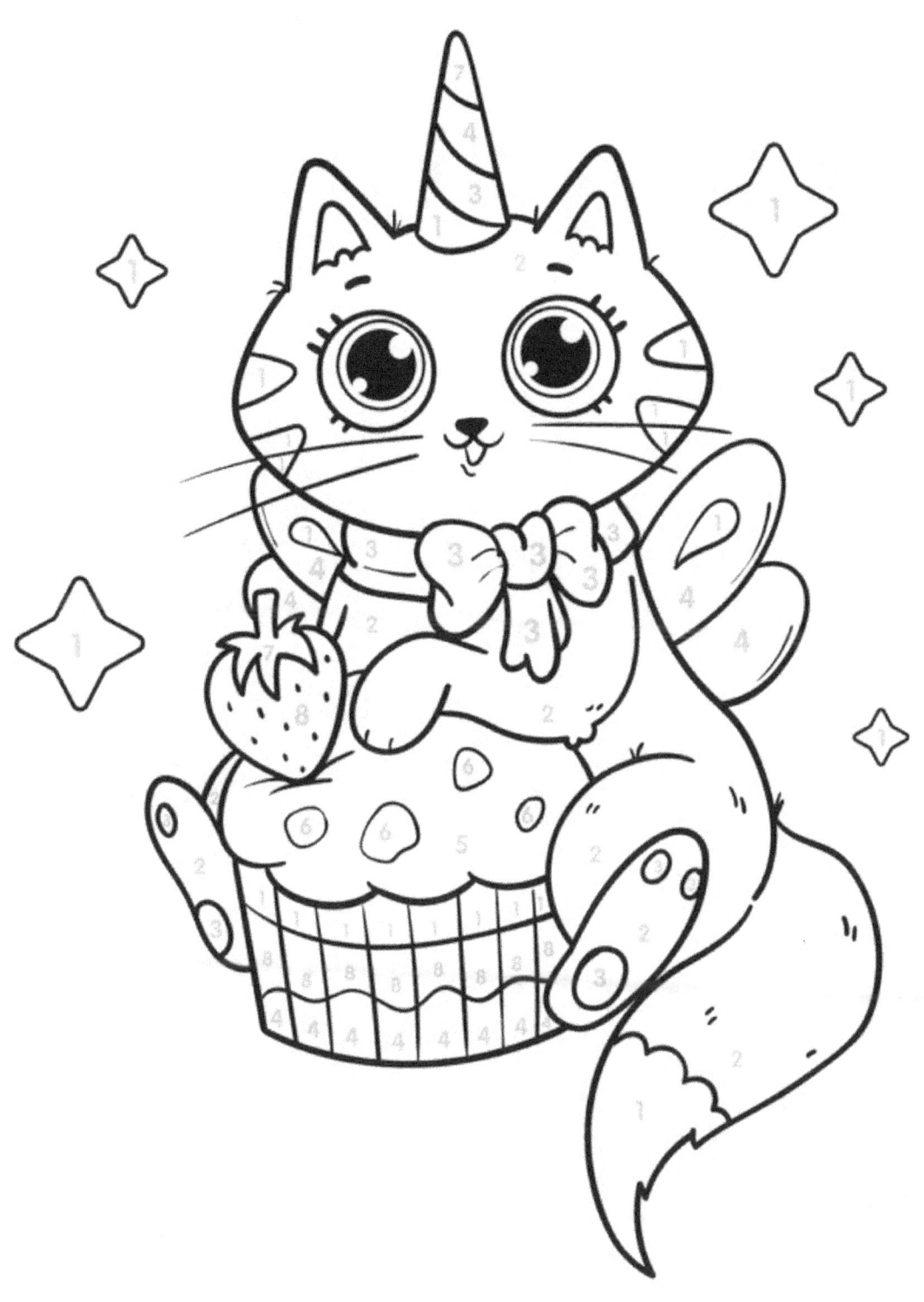

1.yellow 2.grey 3.pink 4.blue 5.orange 6.maroon 7.green
8.green

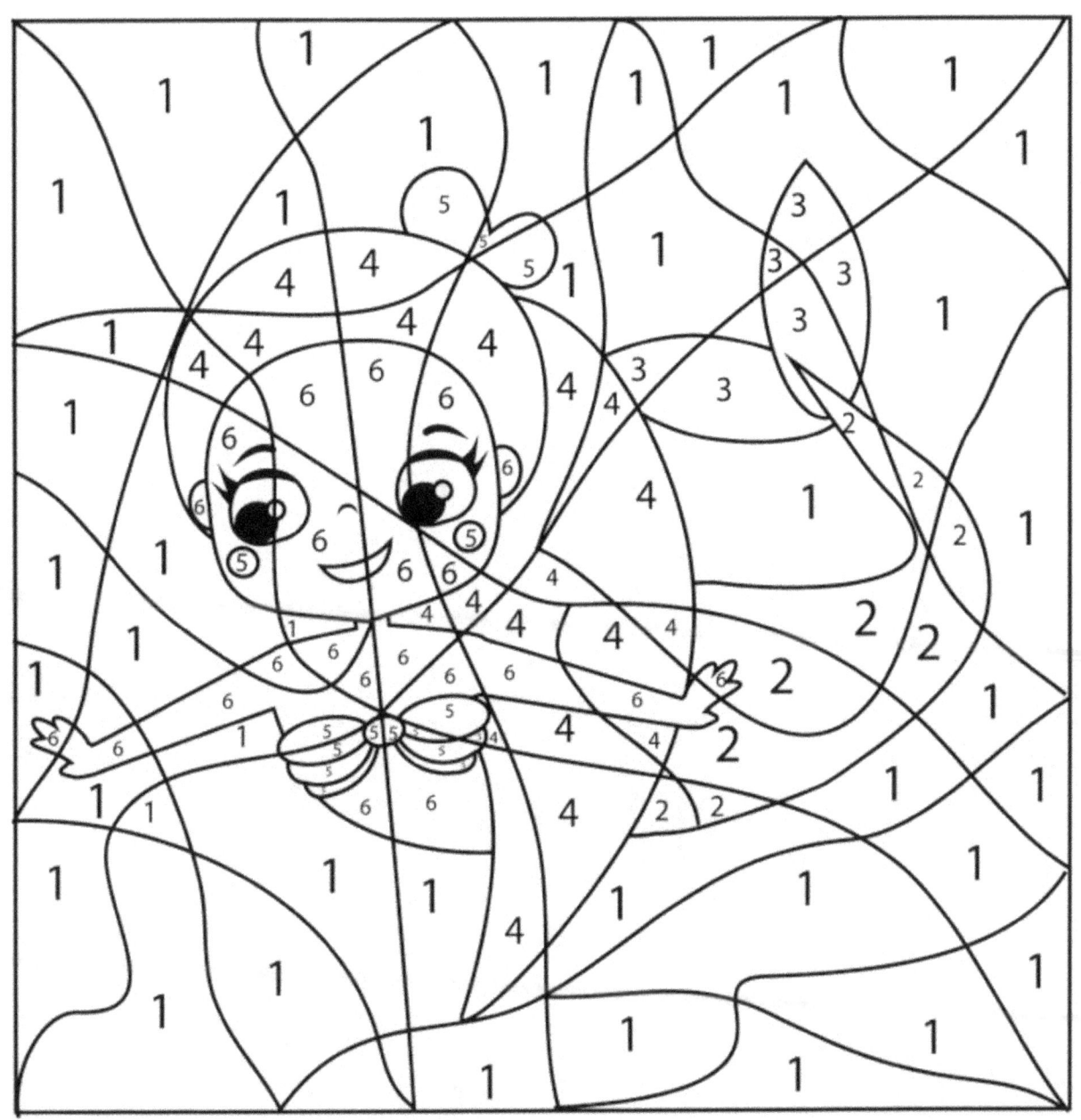

1.blue 2.light green 3.dark green 4.orange 5.pink 6.nude

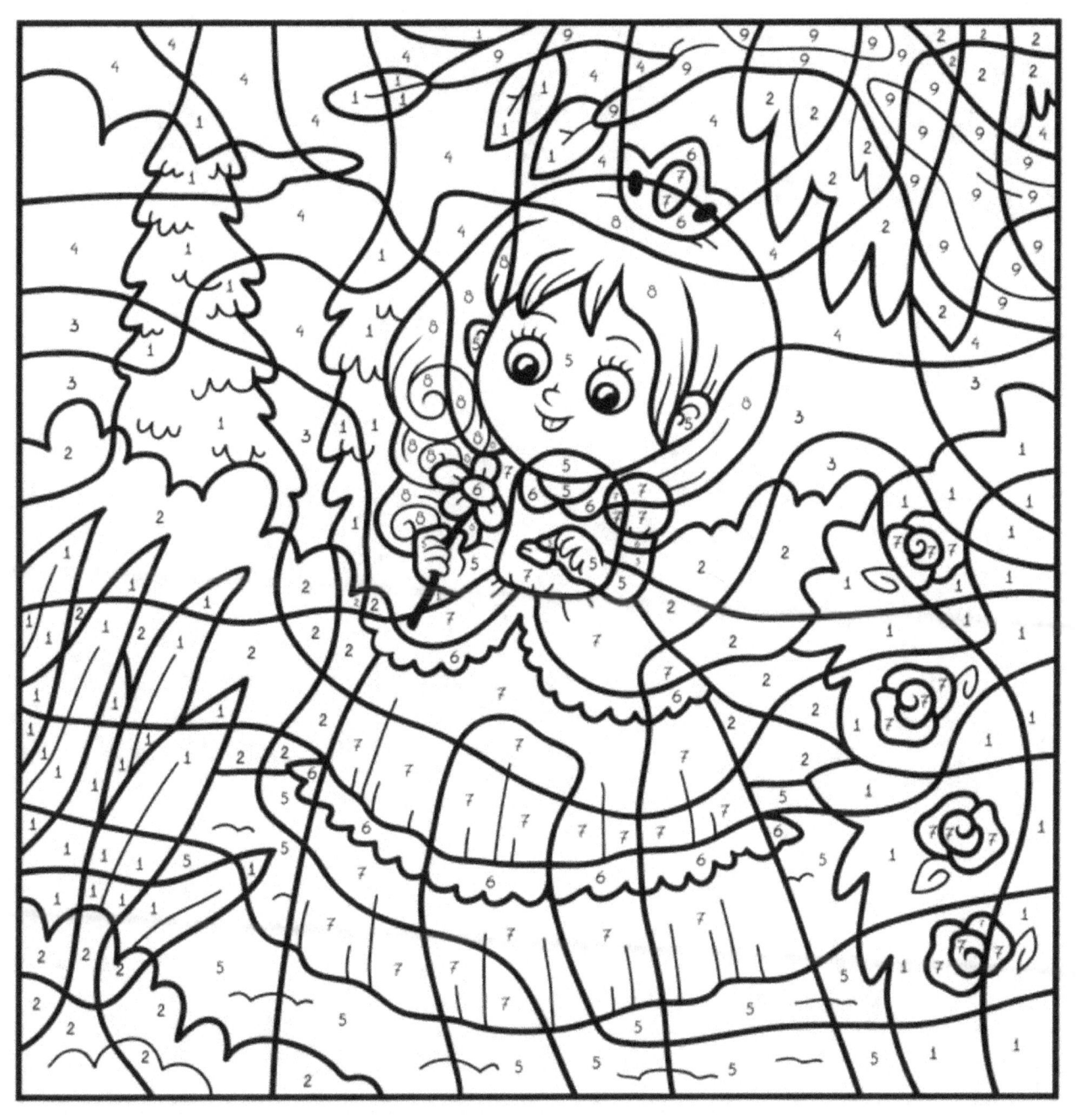

1.light green 2.green 3.blue
4.cyan 5.wheat 6.yellow
7.red 8.orange 9.brown

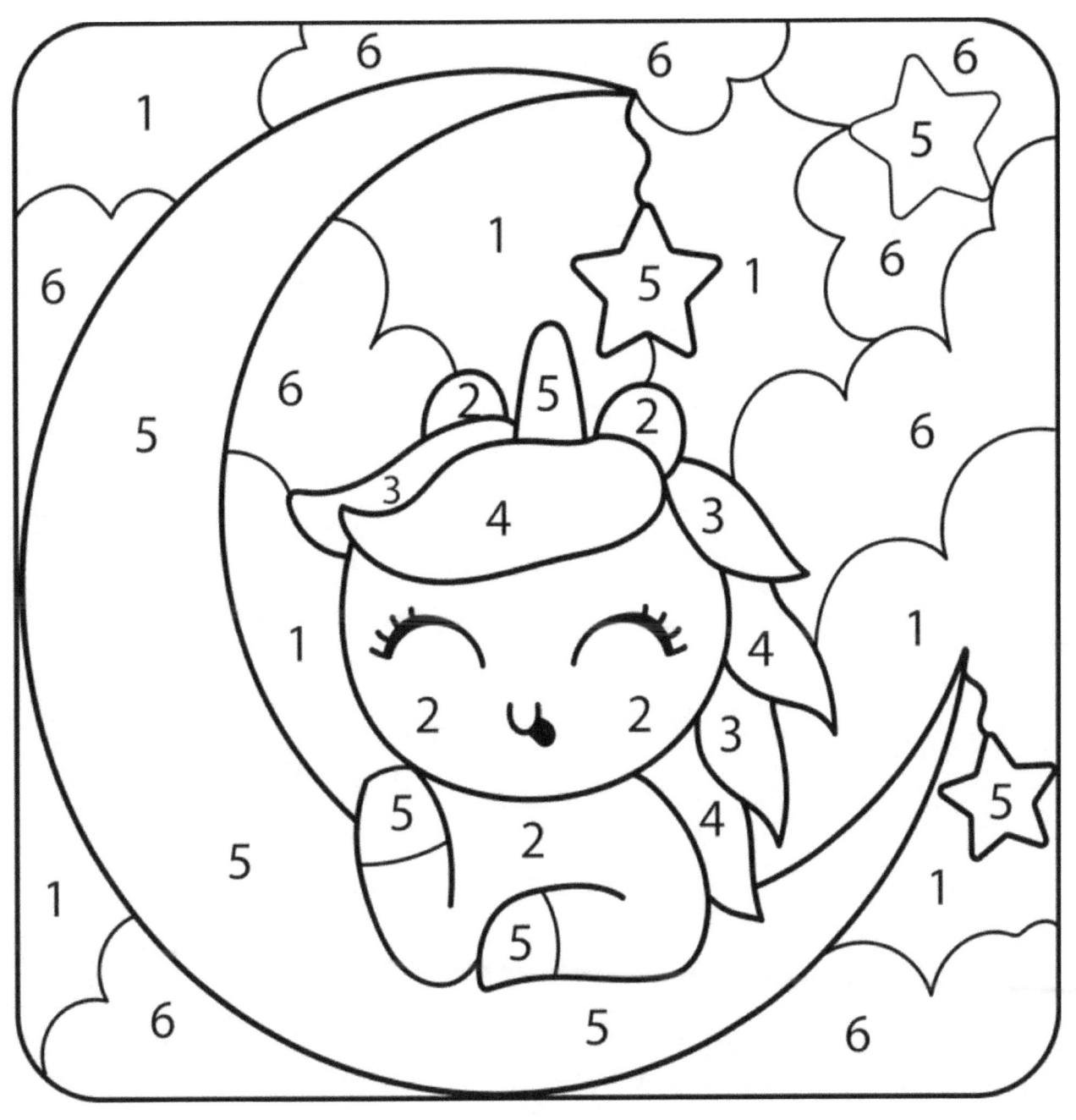

1.blue 2.peach 3.pink 4. aqua
5.yellow 6.indigo

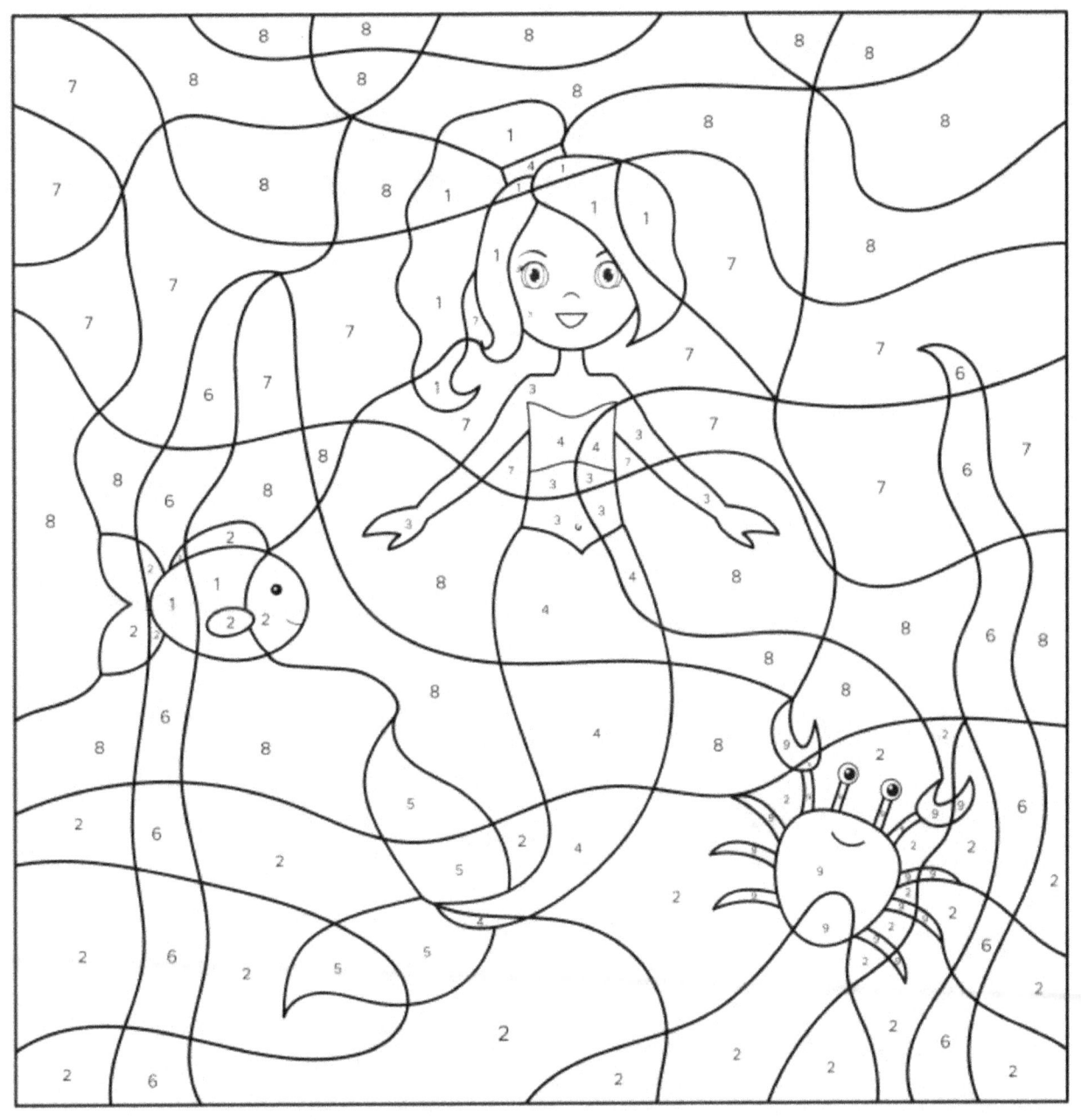

1.yellow 2.wheat 3.pink 4.light pink 5.orange 6.green 7.light blue 8.blue 9.red

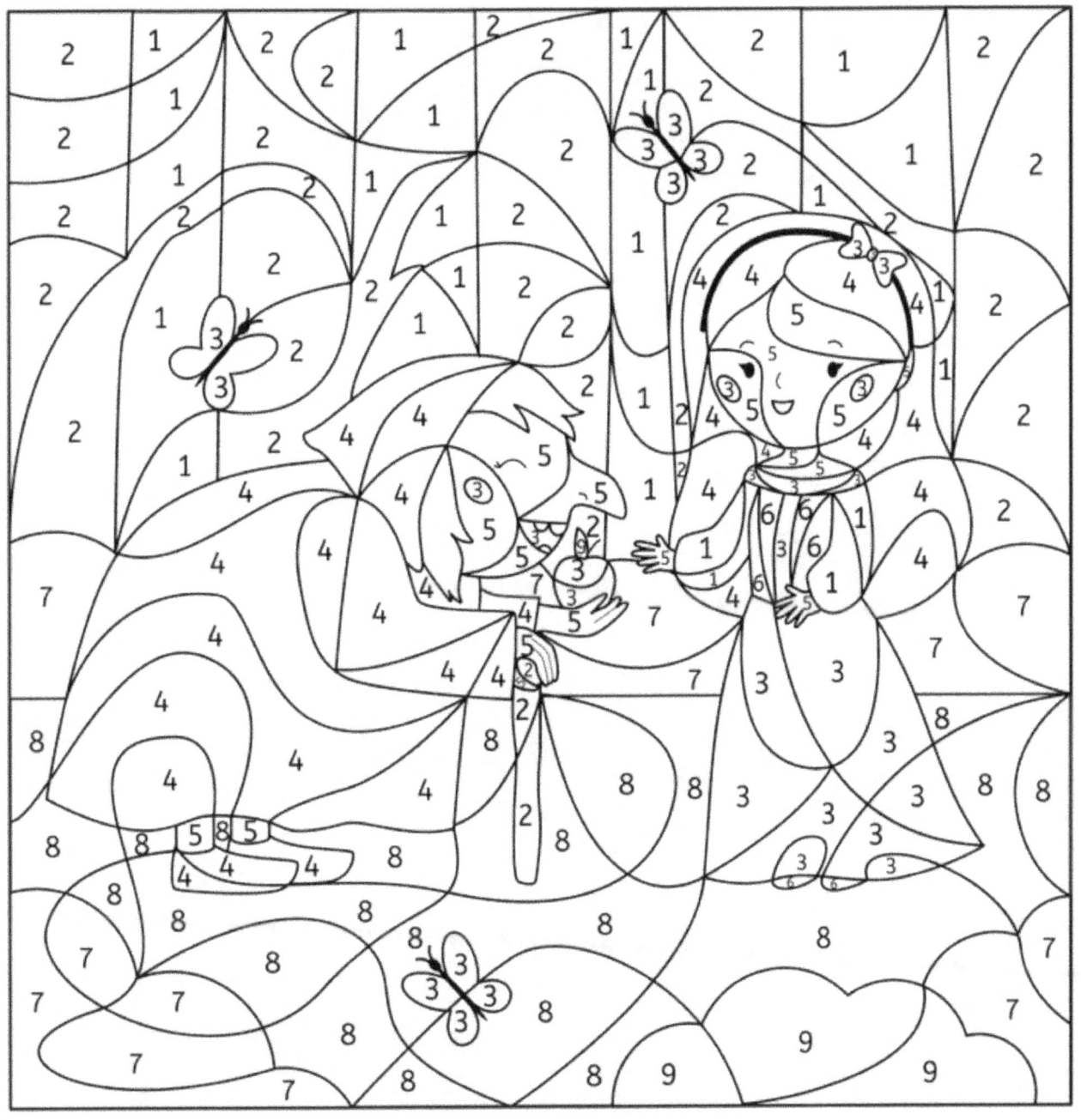

1.Cyan 2.Brown 3.Pink
4.Black 5.Cream 6.Blue
7.Teal 8.Dark Blue 9.Sky

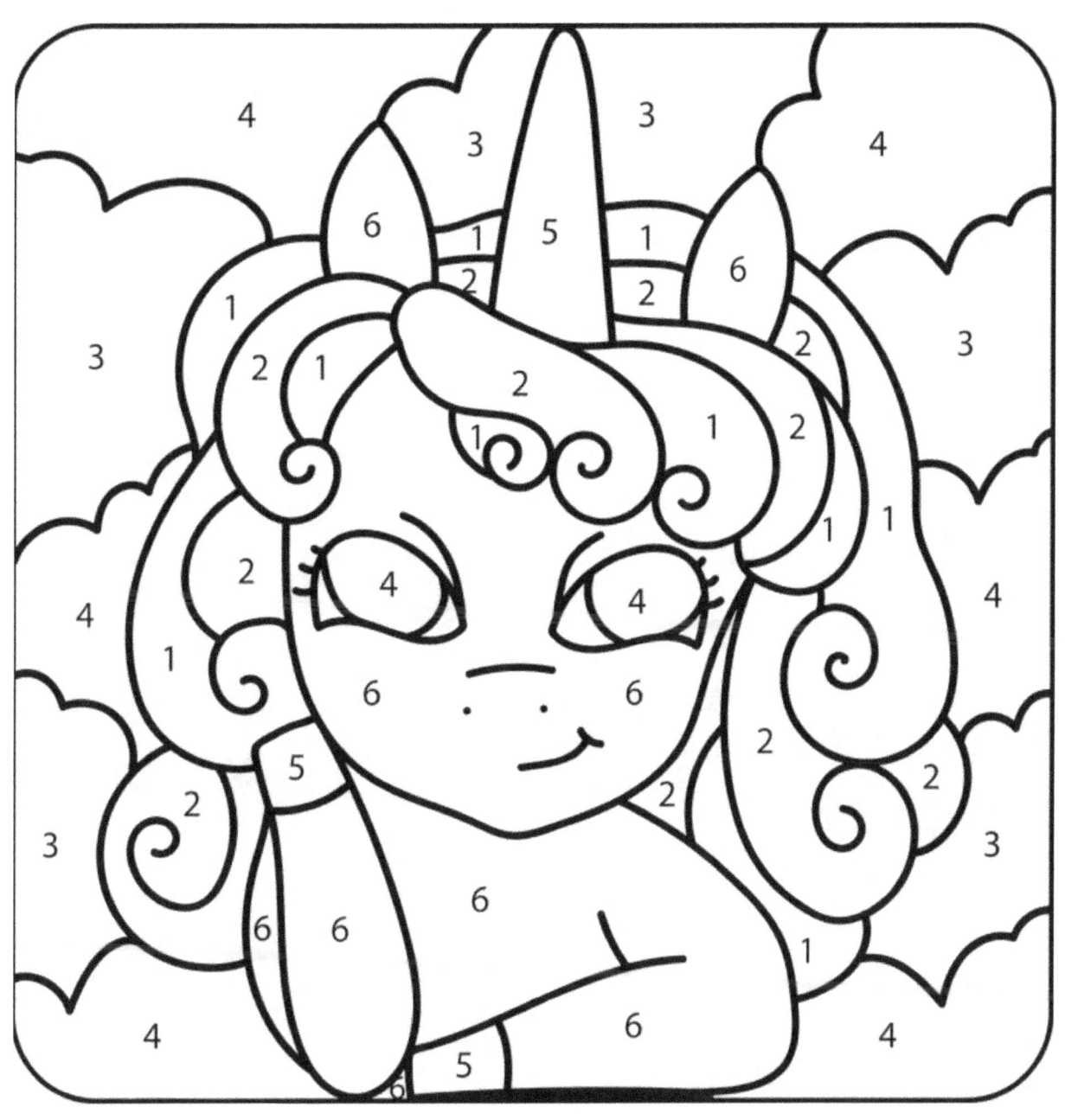

1.blue 2.pink 3.aqua 4.navy
5.yellow 6.peach

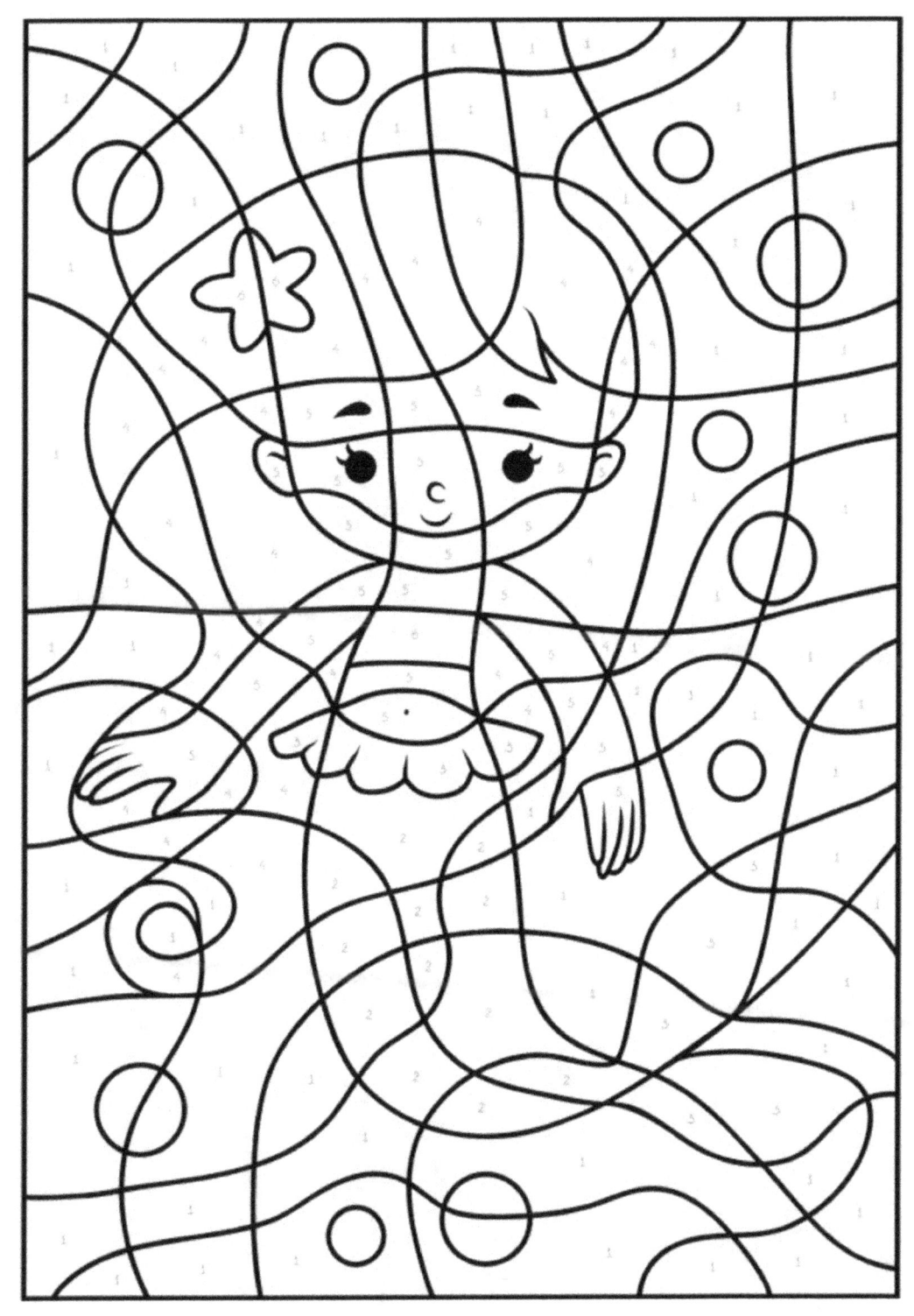

1.light blue 2.green 3.yellow
4.orange 5.beige 6.red

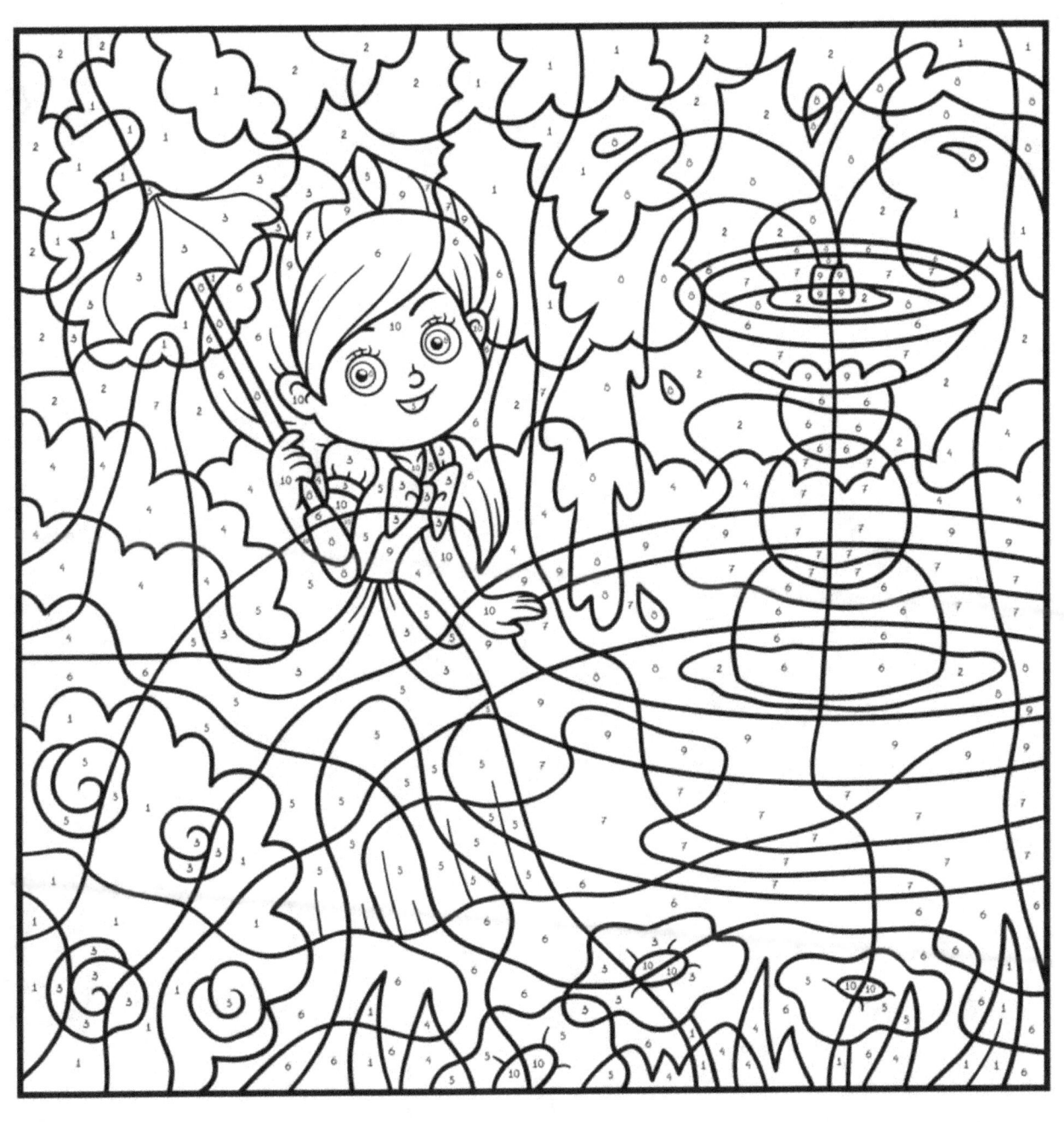

1.light green   2.light blue   3.pink
4.dark green   5.red   6.yellow
7.bown   8.blue   9.orang   10.beige

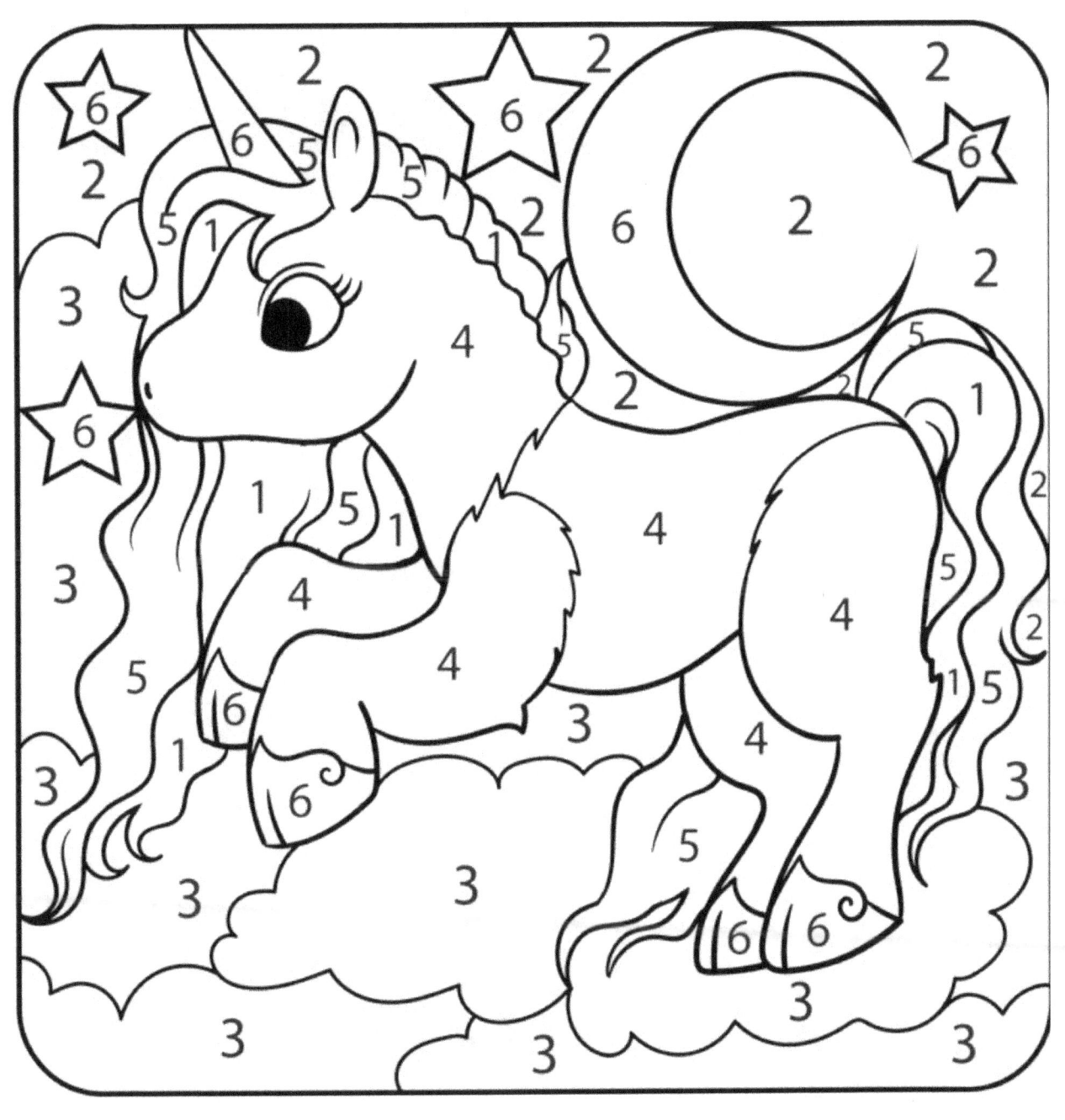

1.navy 2.aqua 3.dark navy
4.wheat 5.salmon 6.yellow

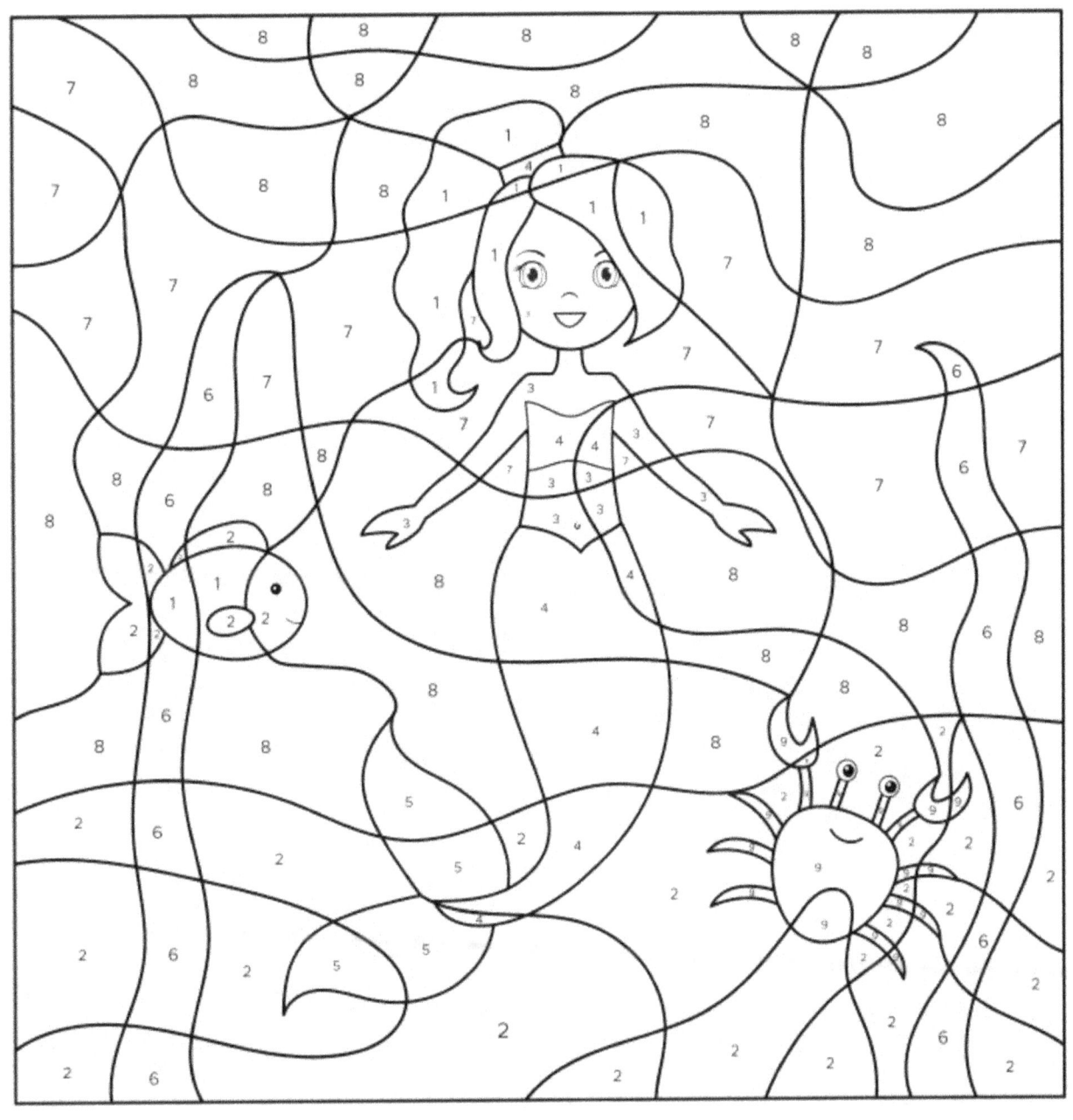

1.yellow 2.orange 3.pink 4.light pink
5.wheat 6.green 7.light blue 8.bue 9.red

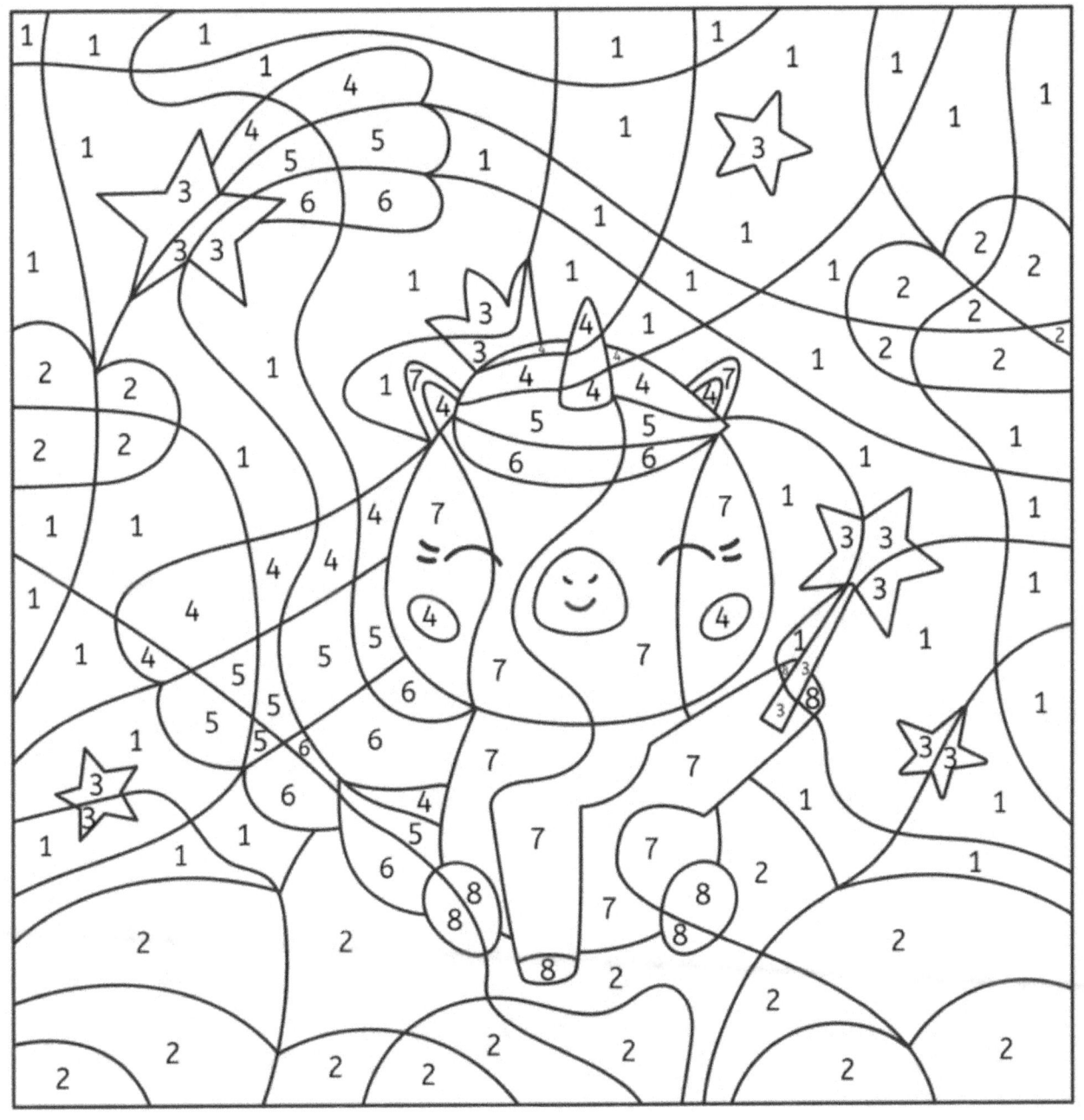

1.Blue 2.Cyan 3.Cream
4.Orchid 5.Teal 6.Navy
7.Silver 8.Gray

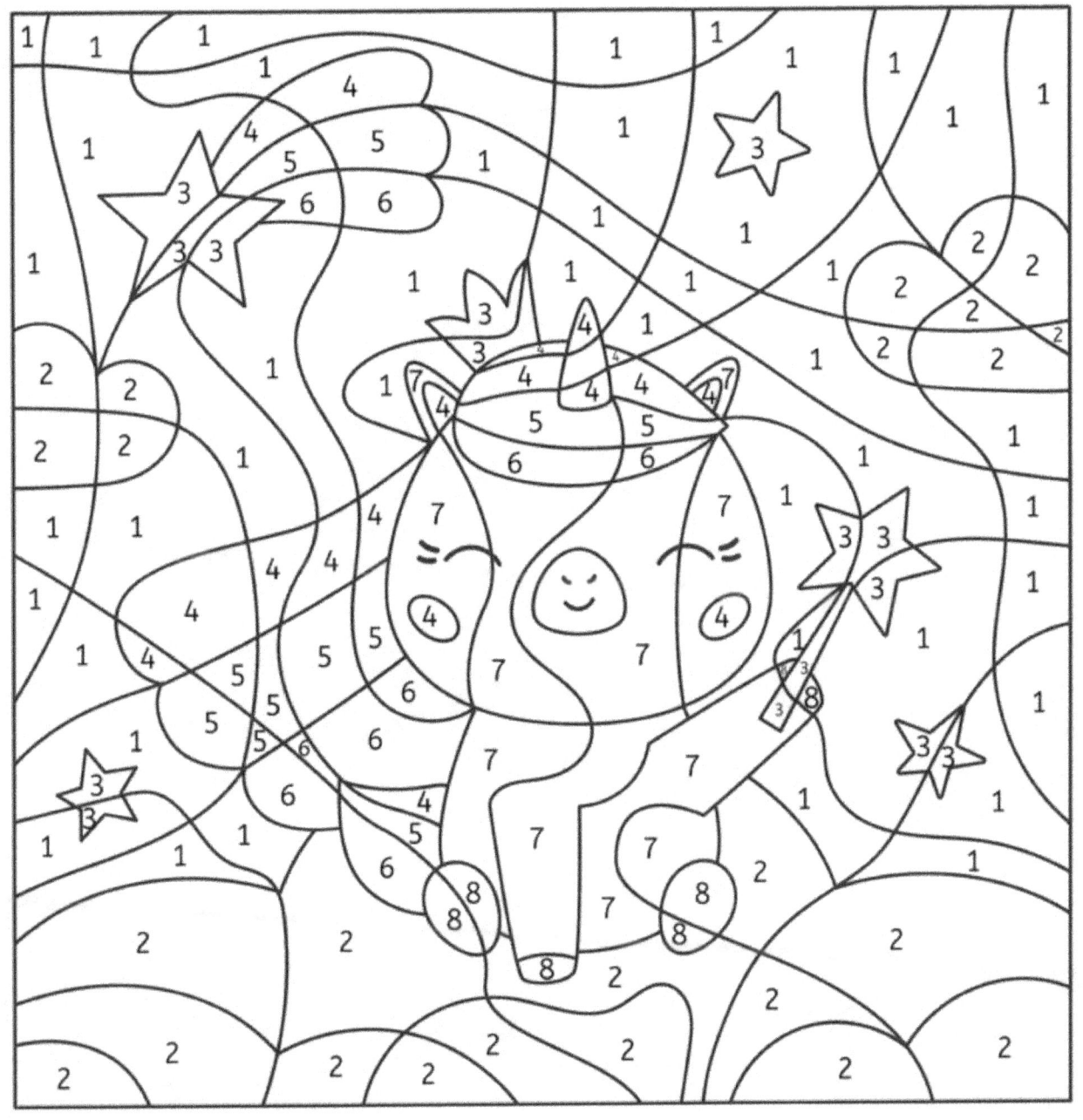

1.teal 2.aqua 3.wheat 4.pink
5.orchid 6.blue 7.white 8.gray

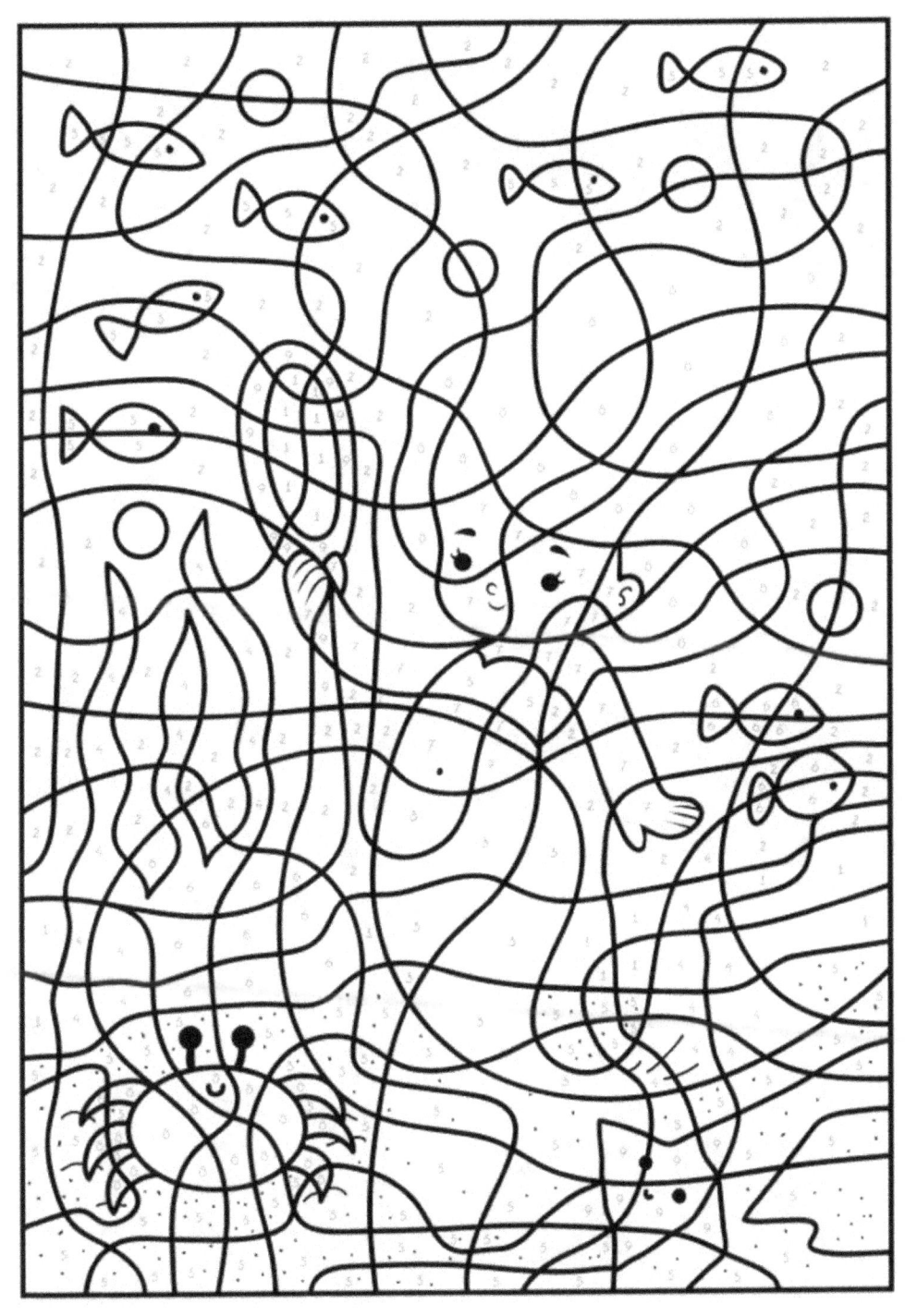

1.blue 2.light blue 3.green 4.olive
5.yellow 6.brown 7.wheat 8.red 9.pink

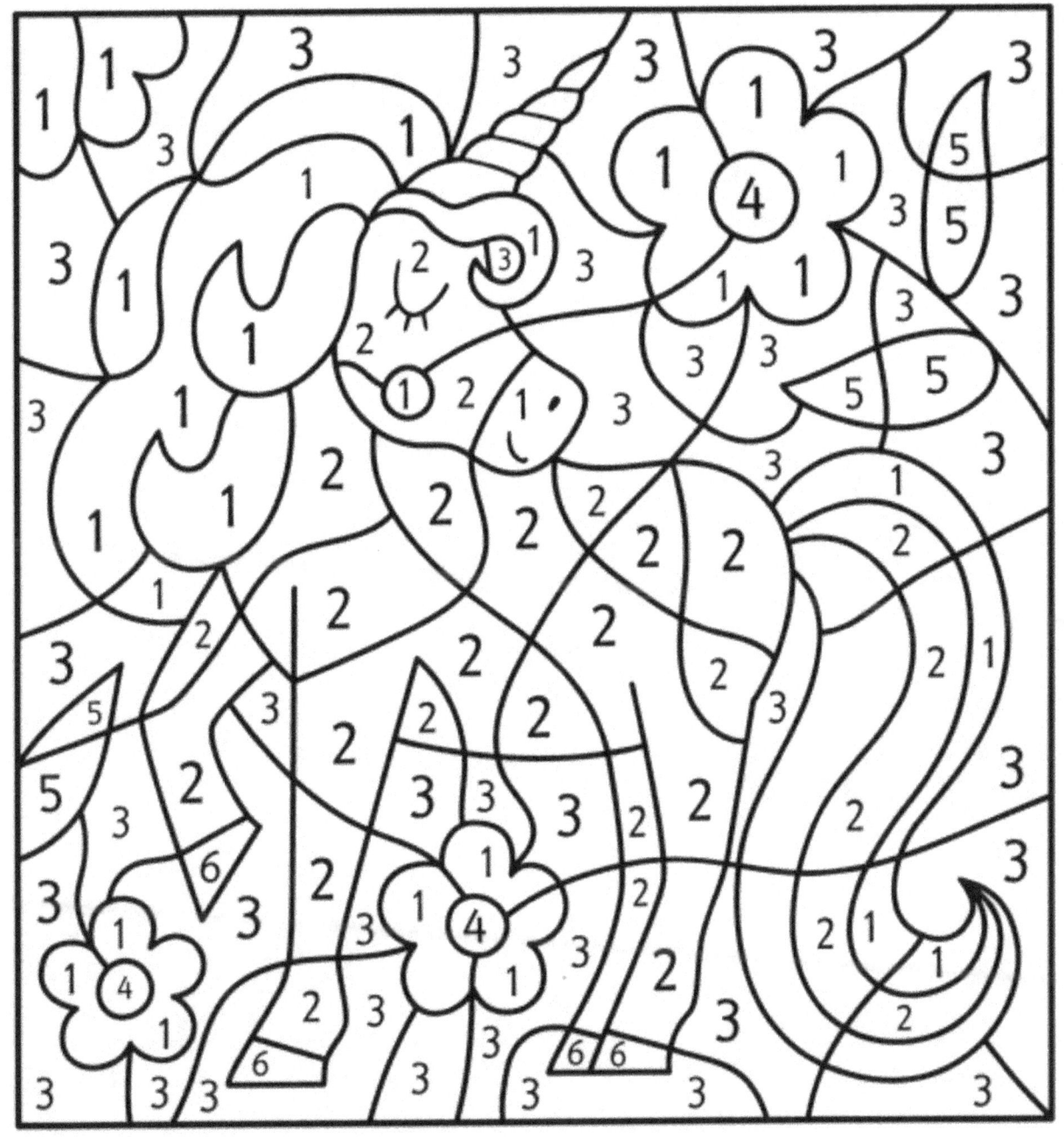

1.red 2.pink 3.cyan
4.cream 5.green 6.brown

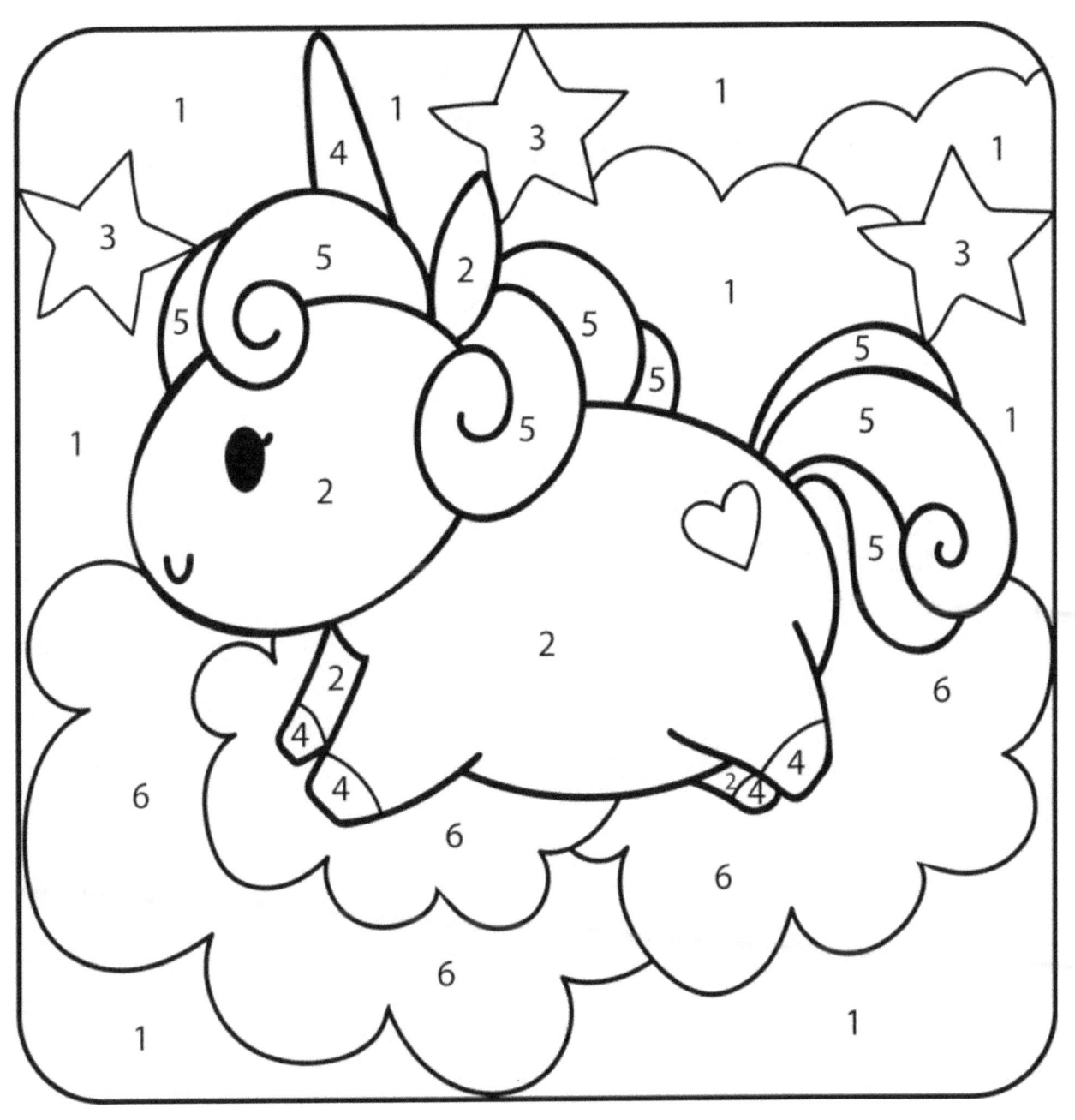

1.blue 2.pink 3.yellow
4.orange 5.blu violet 6.aqua

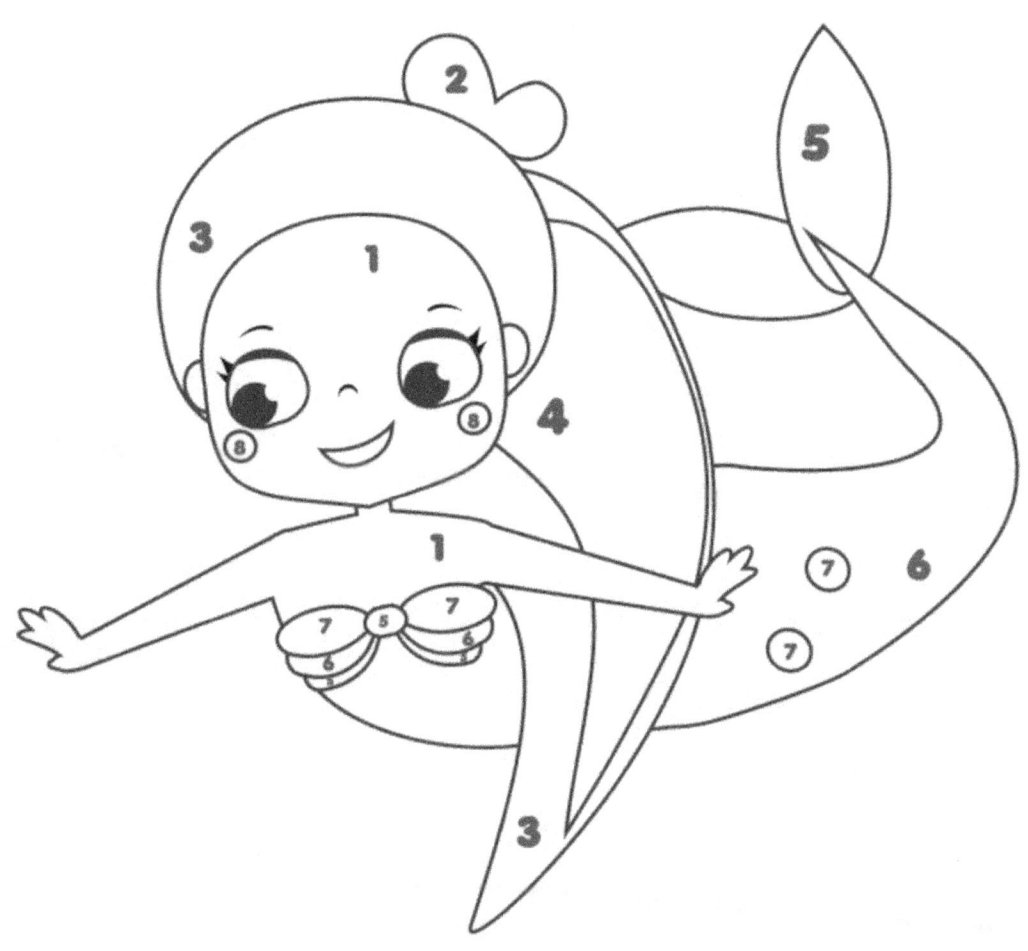

1.wheat 2.yellow 3.navy 4.dark blue
5.light green 6.sky 7.aqua 8.pink

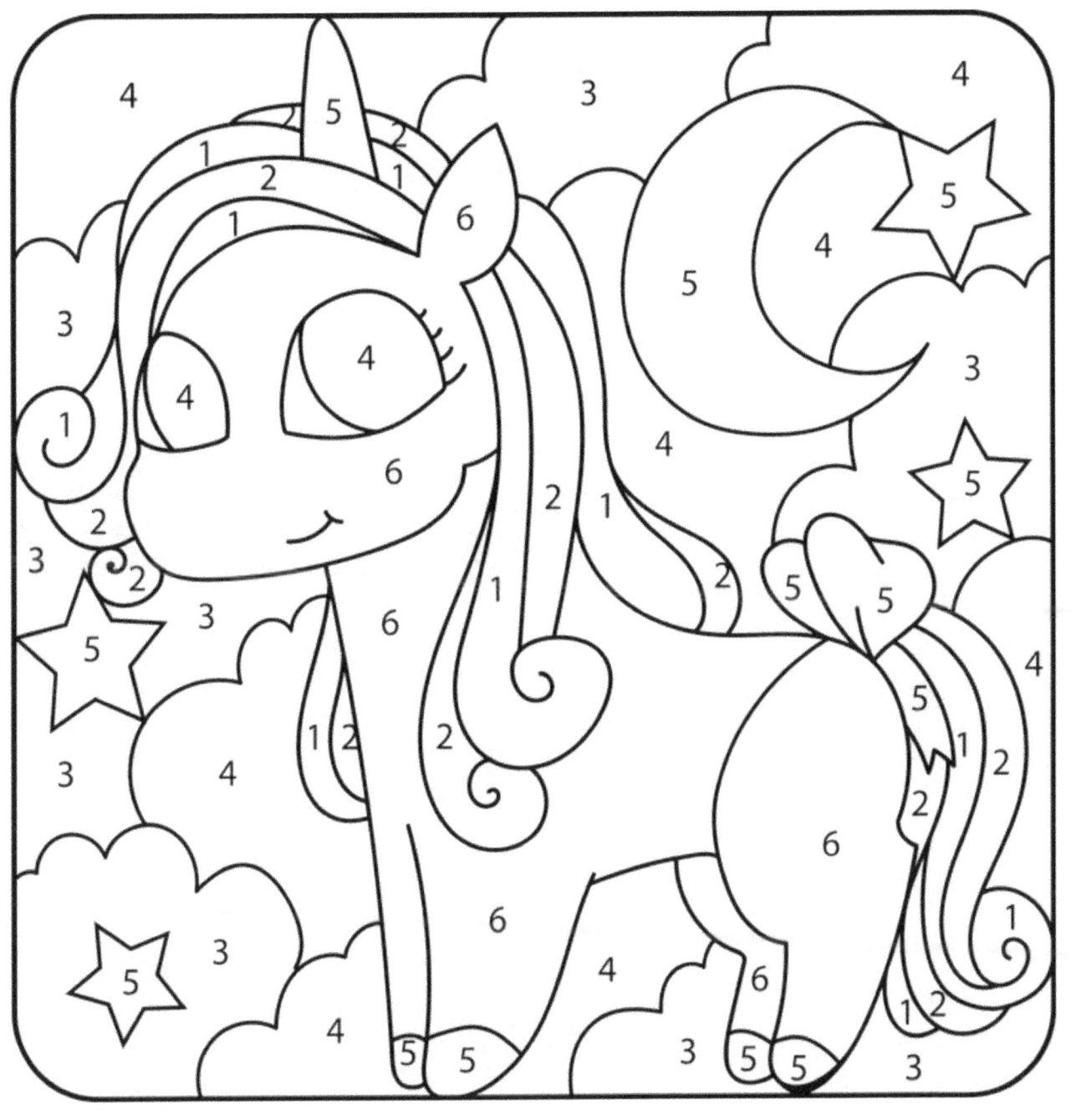

1.purple 2.pink 3.cyan
4.blue 5.yellow 6.silver

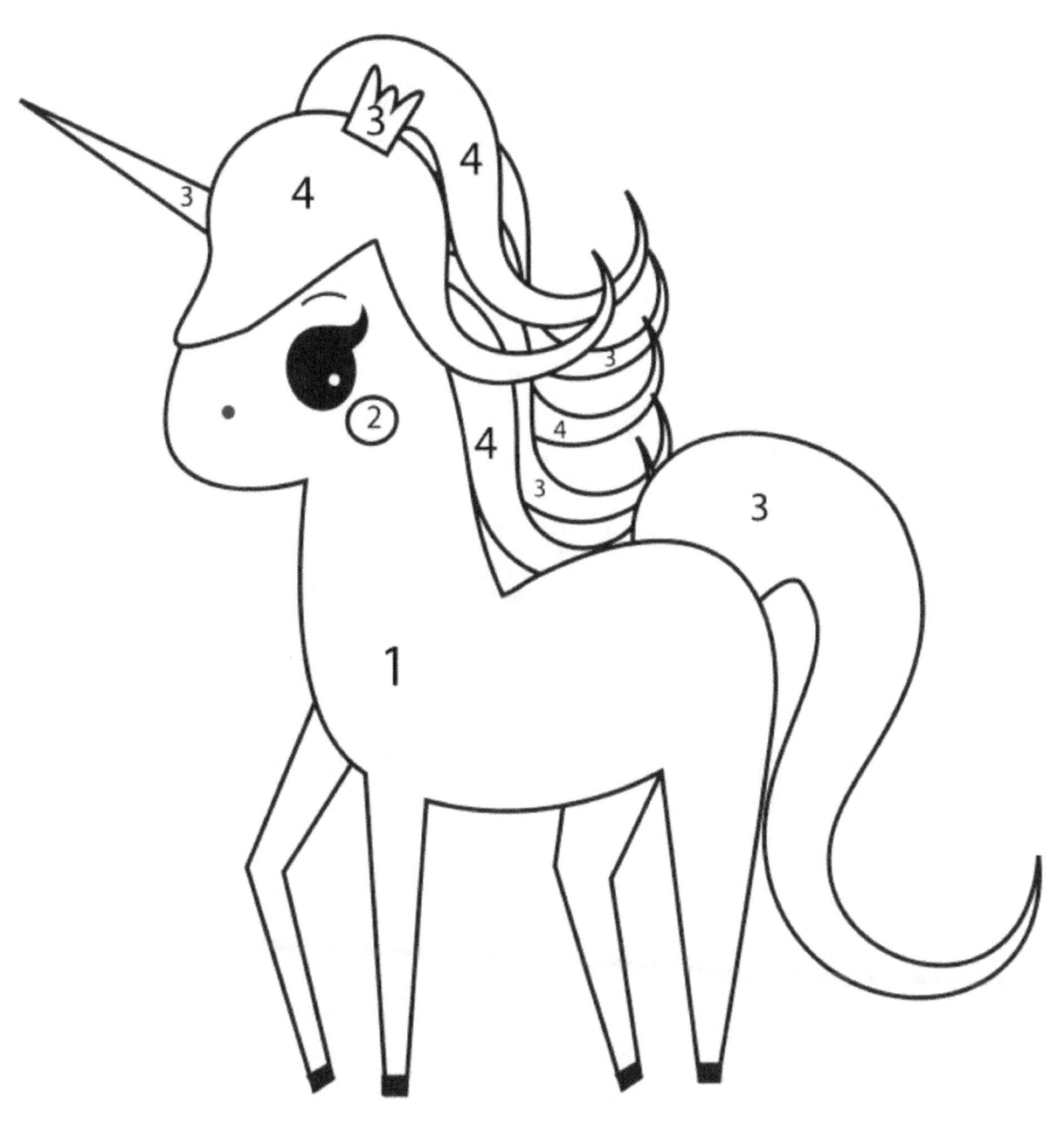

1.blue 2.pink 3.yellow 4.grey

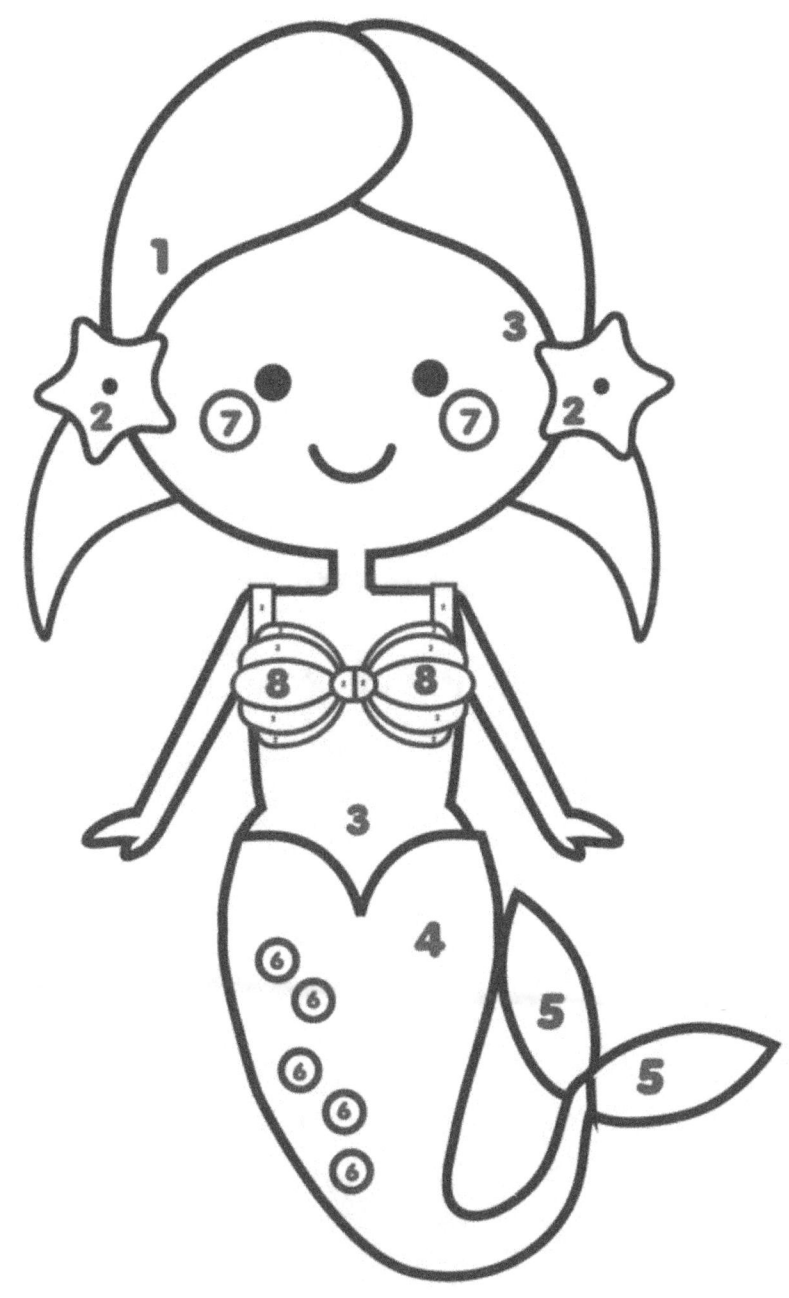

1.bronze 2.sky 3.wheat 4.dark green
5.green 6.light green 7.purple 8.dark red

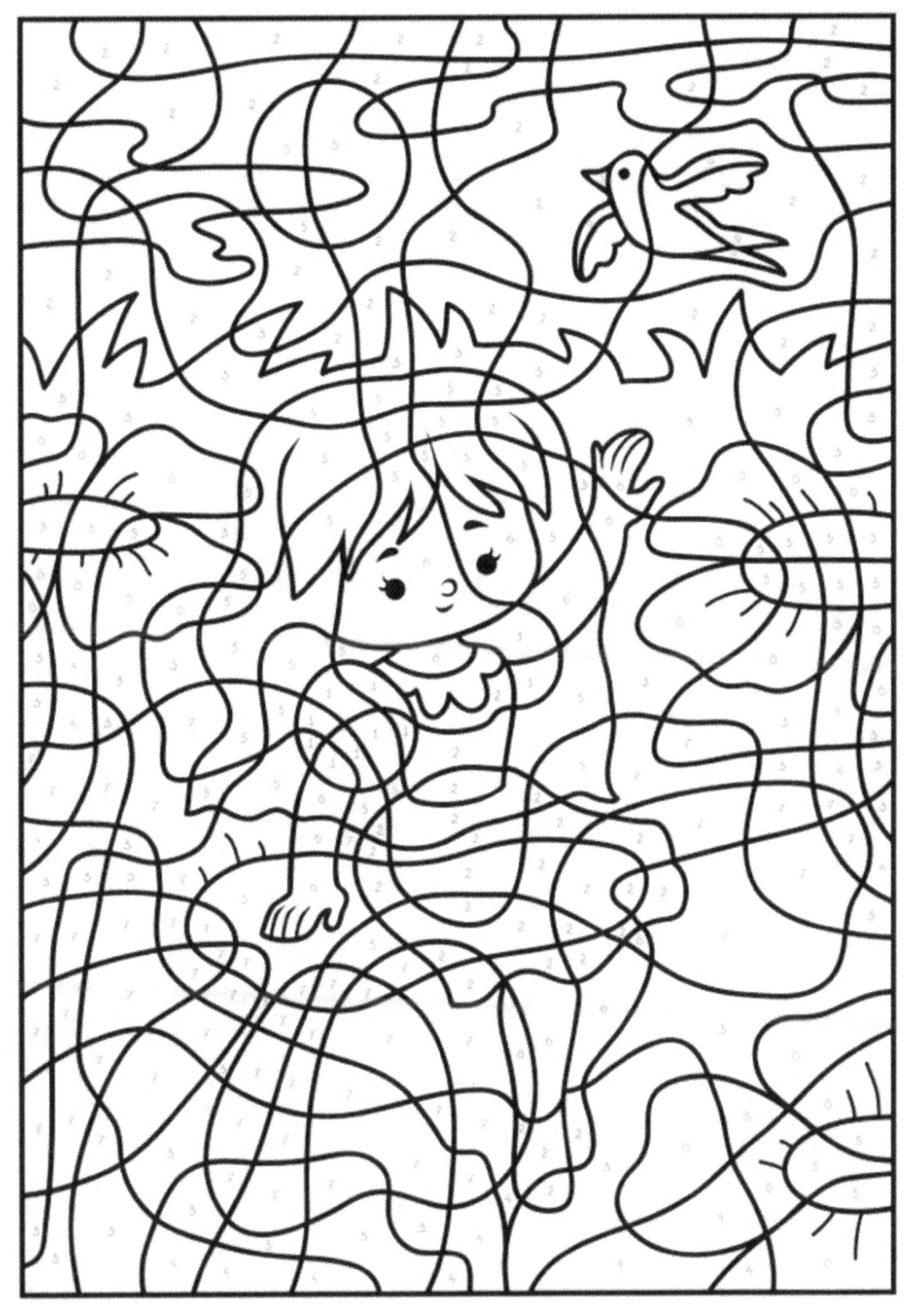

1.blue 2.cyan 3.green 4.lime
5.yellow 6.cream 7.red 8.pink 9.gray

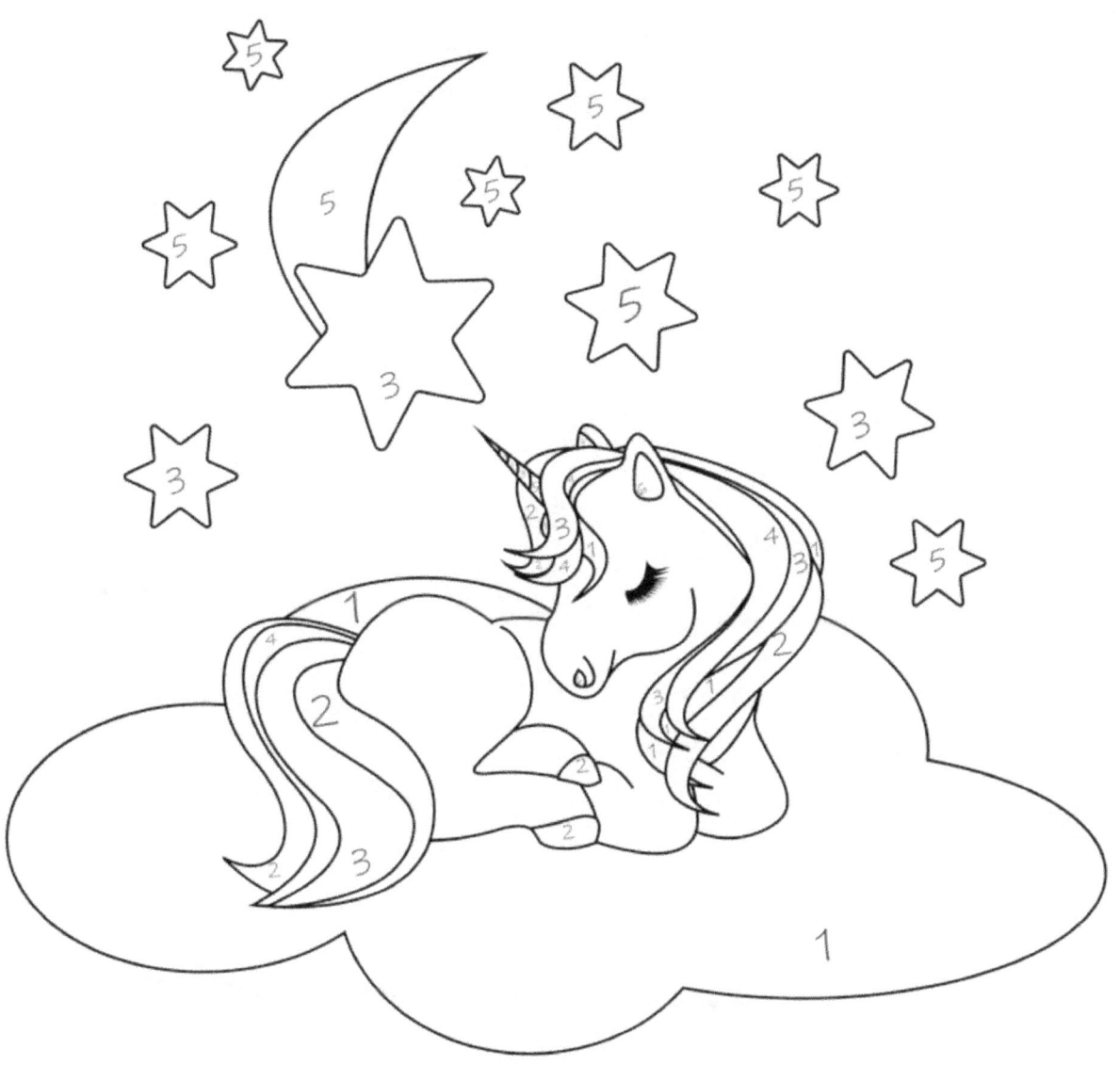

1.blue 2.green 3.red 4.pink
5.yellow 6.white

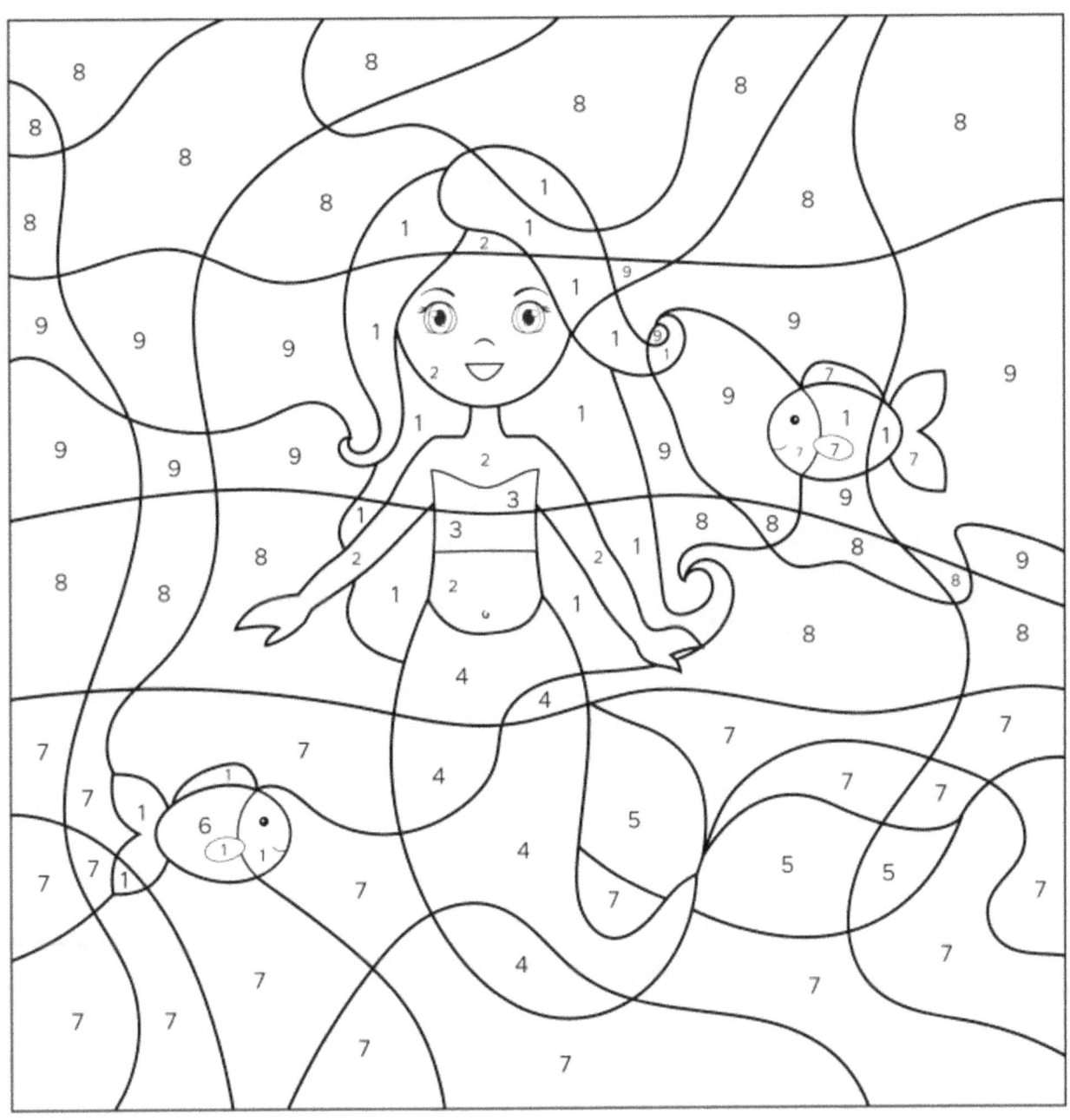

**1.red 2.wheat 3.dark blue 4.light green
5.sky 6.orange 7.yellow 8.light sky 9.blue**

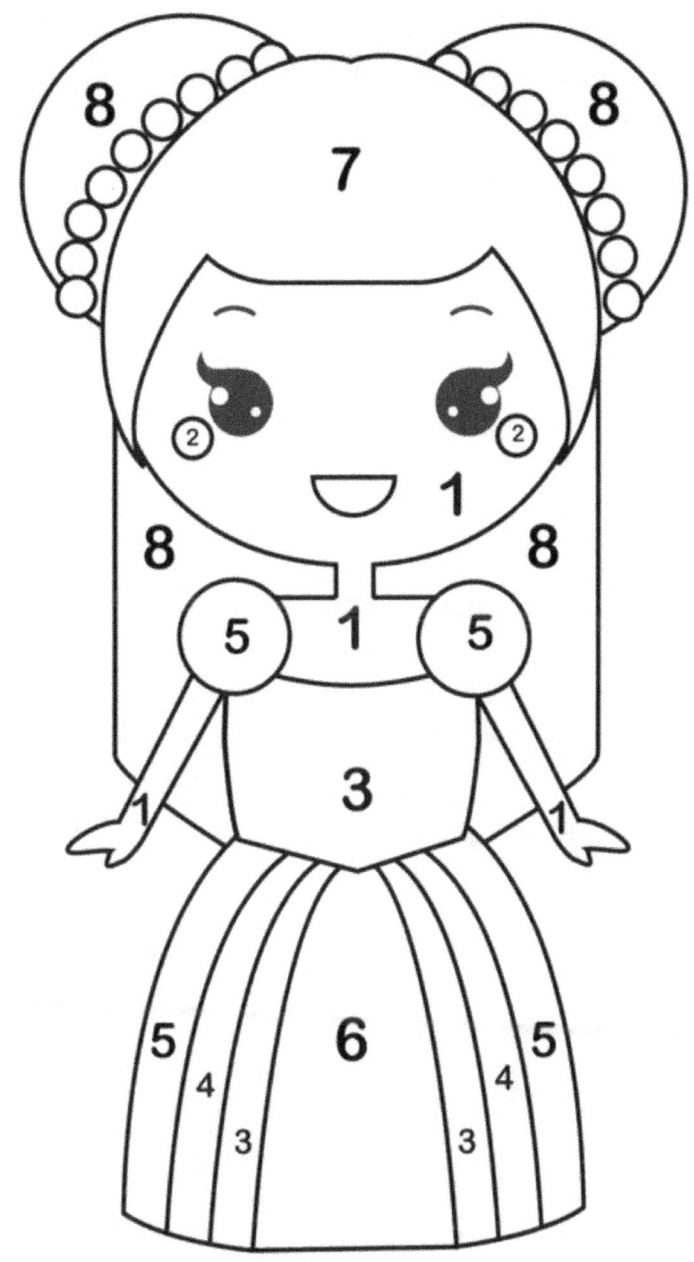

1.beige 2.pink 3.red 4.light green
5.blue 6.yellow 7.brown 8.black

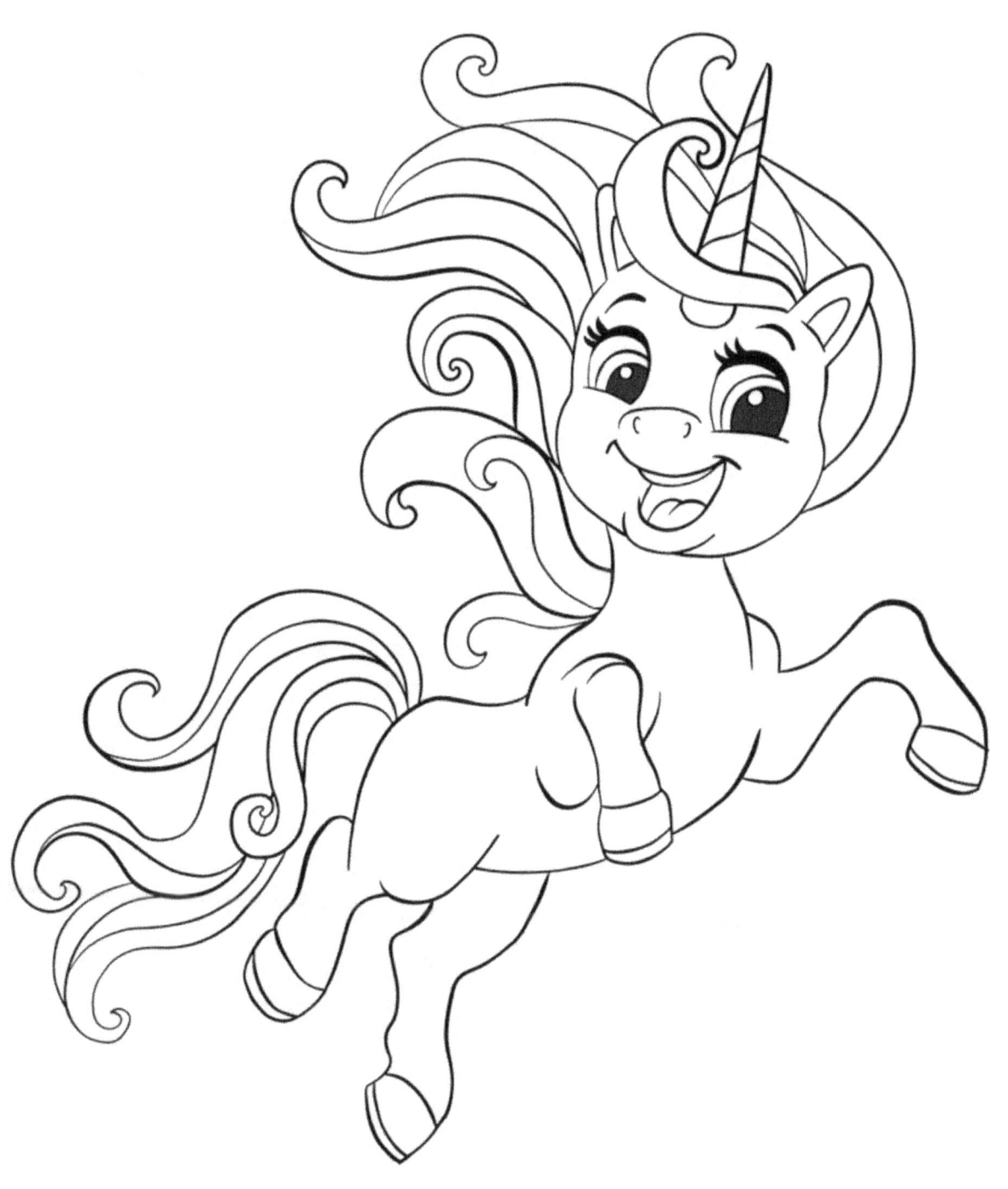

1.yelloow 2.red 3.green

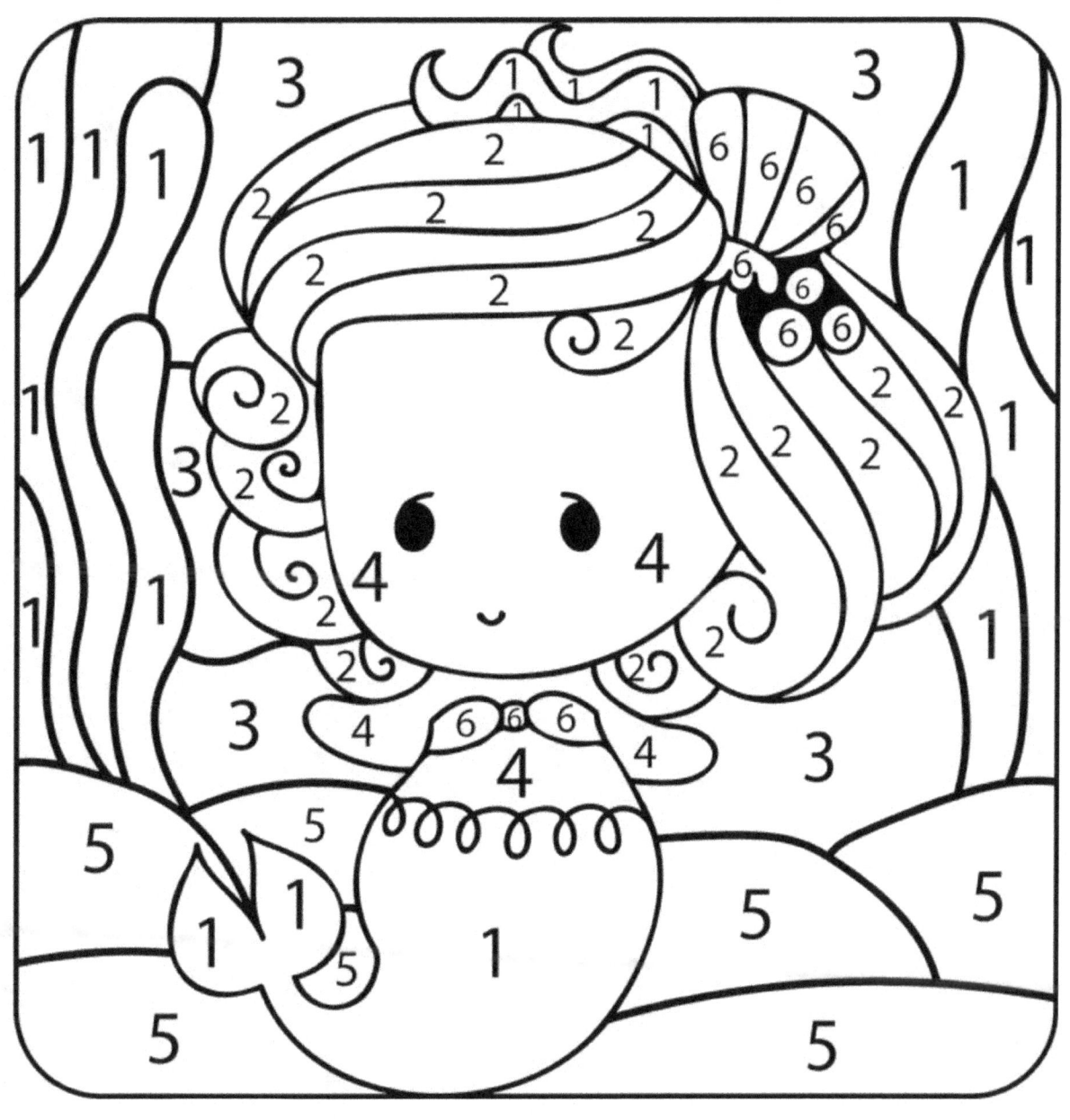

1.lime 2.brown 3.turquoise
4.wheat 5.yellow 6.orchid

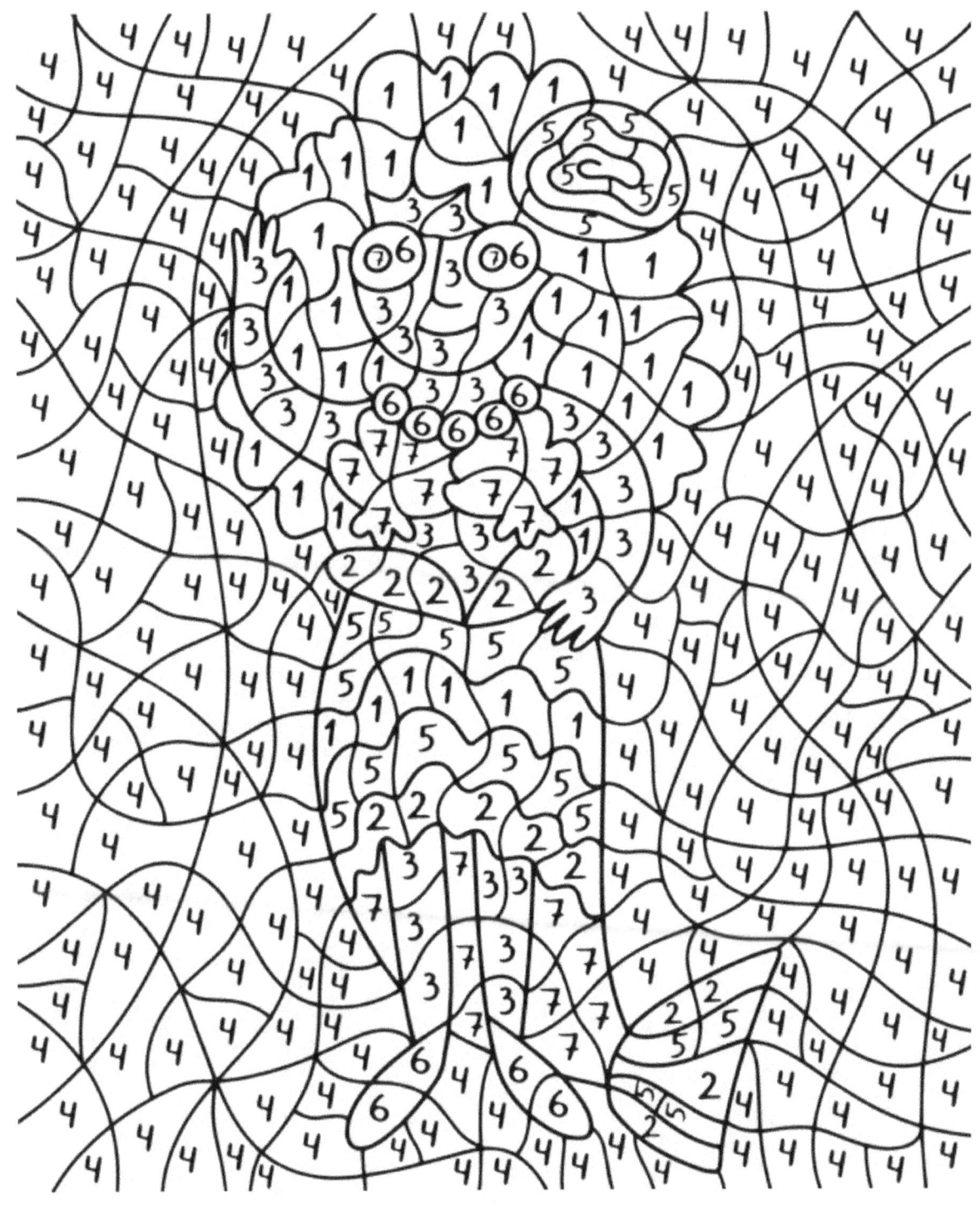

1.purple 2.yellow 3.pink 4.cyan
5.magenta 6.white 7.charcoal

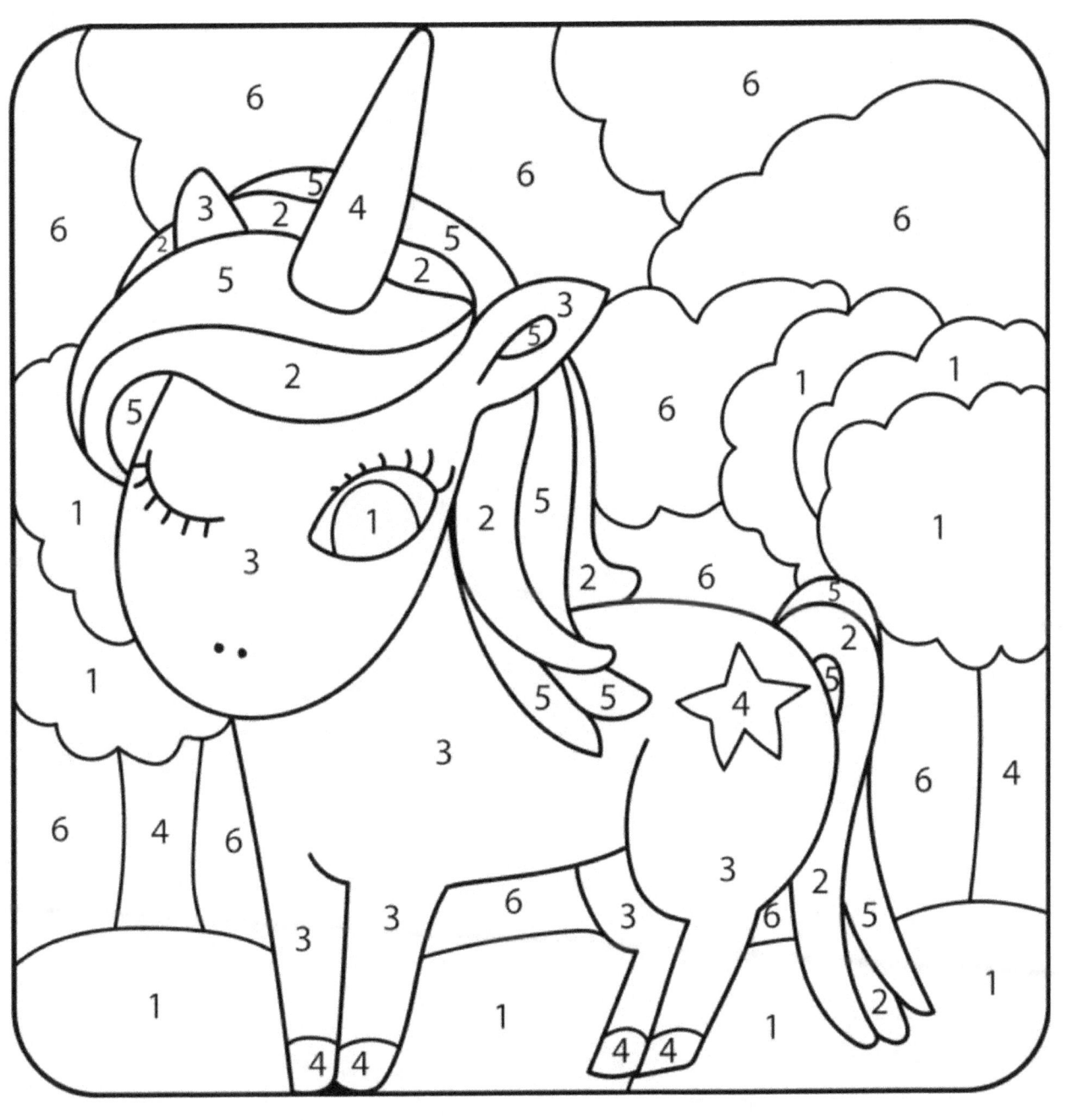

1.green 2.pink 3.yellow 4.maroon 5.navy
6.aqua

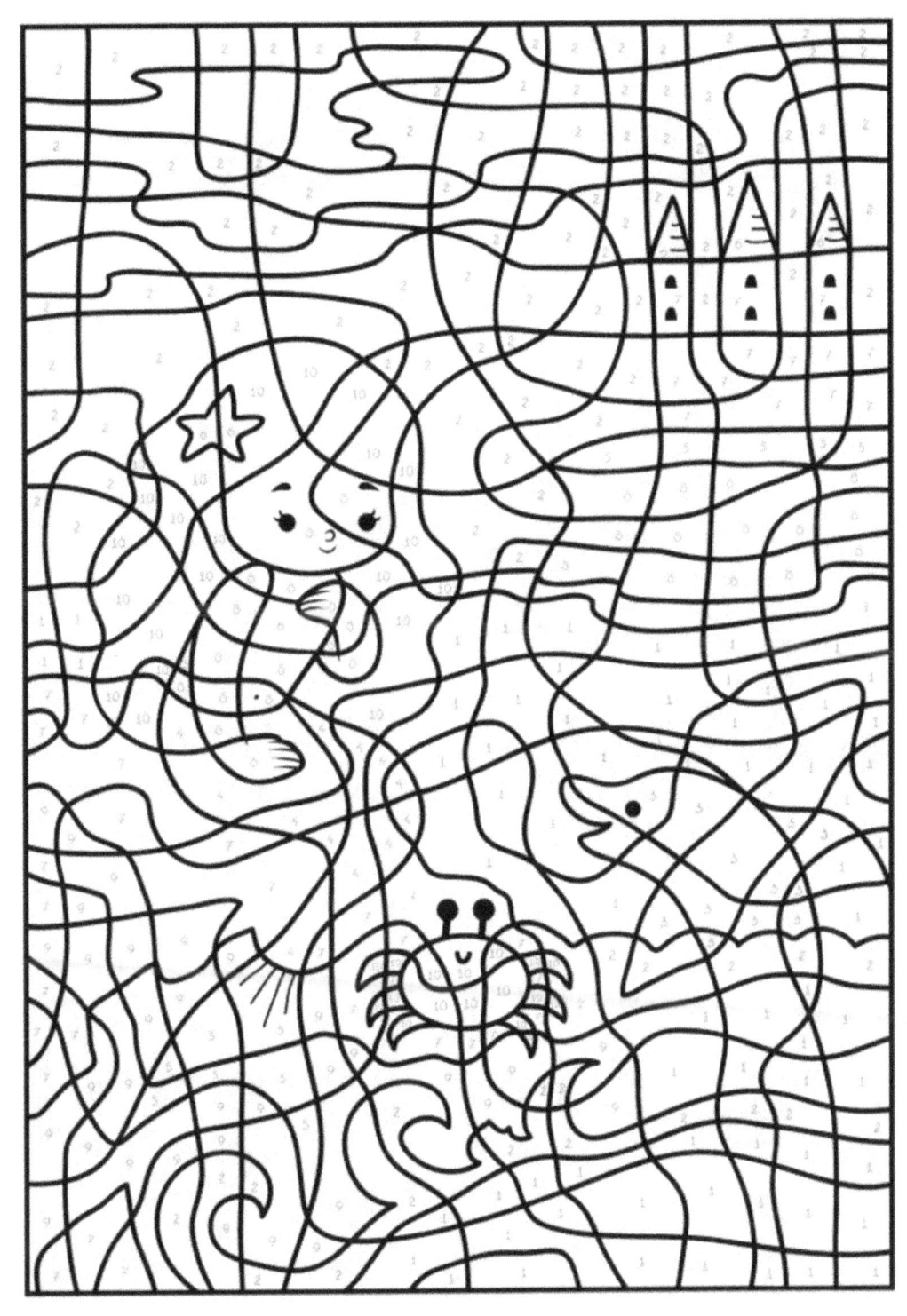

*1.blue 2.light blue 3.silver 4.green 5.olive
6.yellow 7.brown 8.pink 9.light brown 10.red*

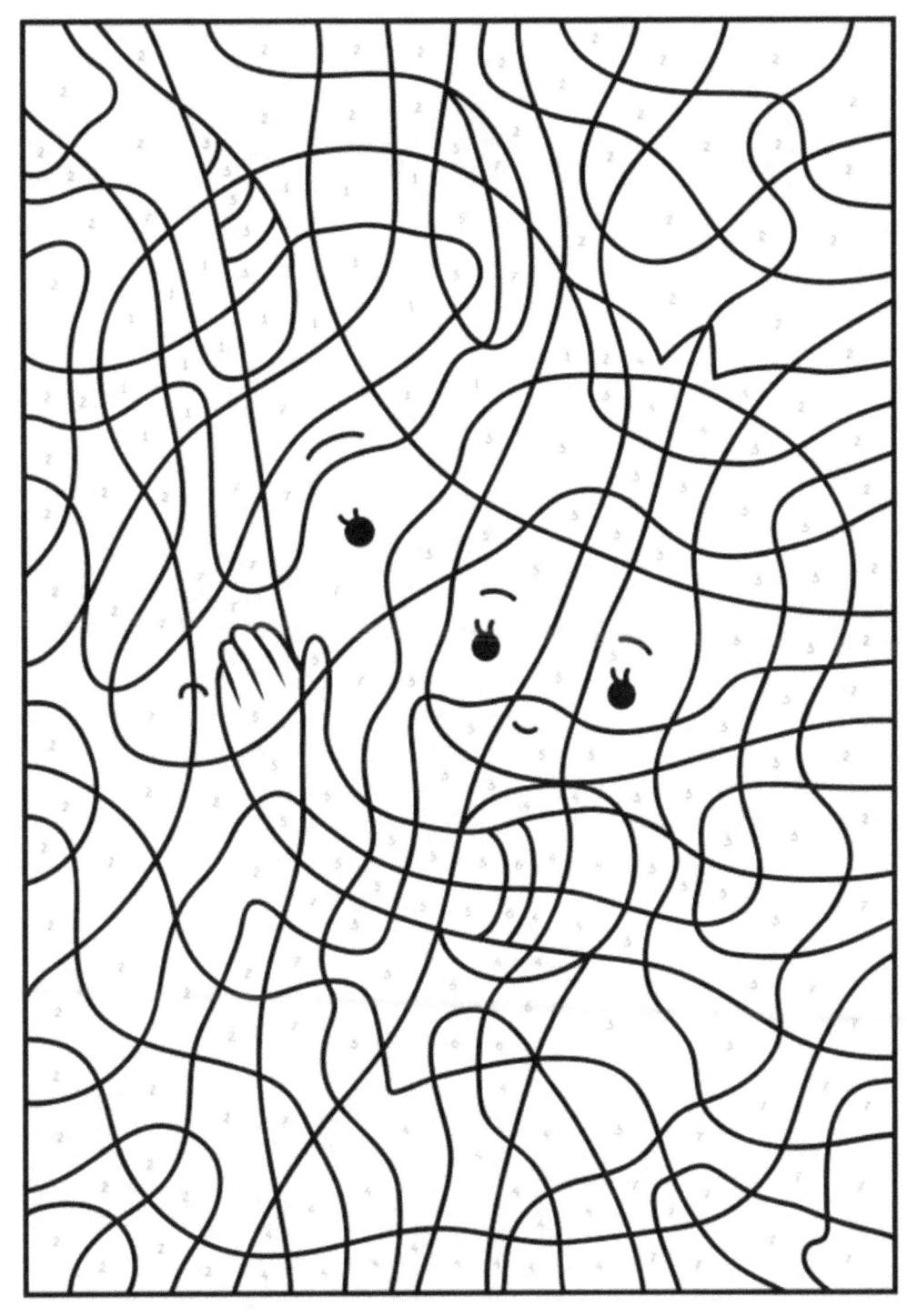

1.red brown 2.cyan 3.yellow
4.orane 5.beige 6.red 7.pink

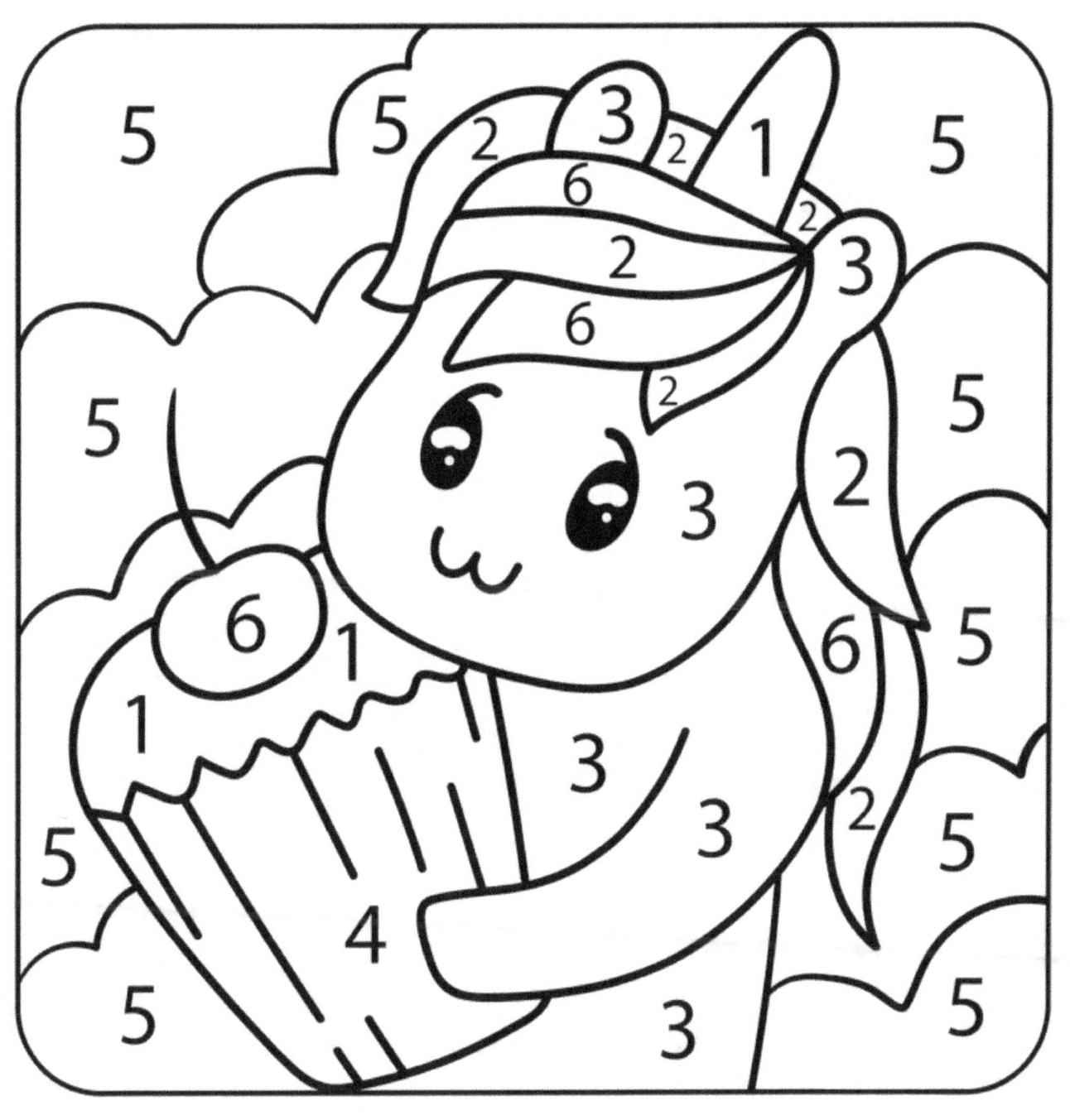

1.yellow 2.navy 3.salmon
4.chocolate 5.blue 6.red

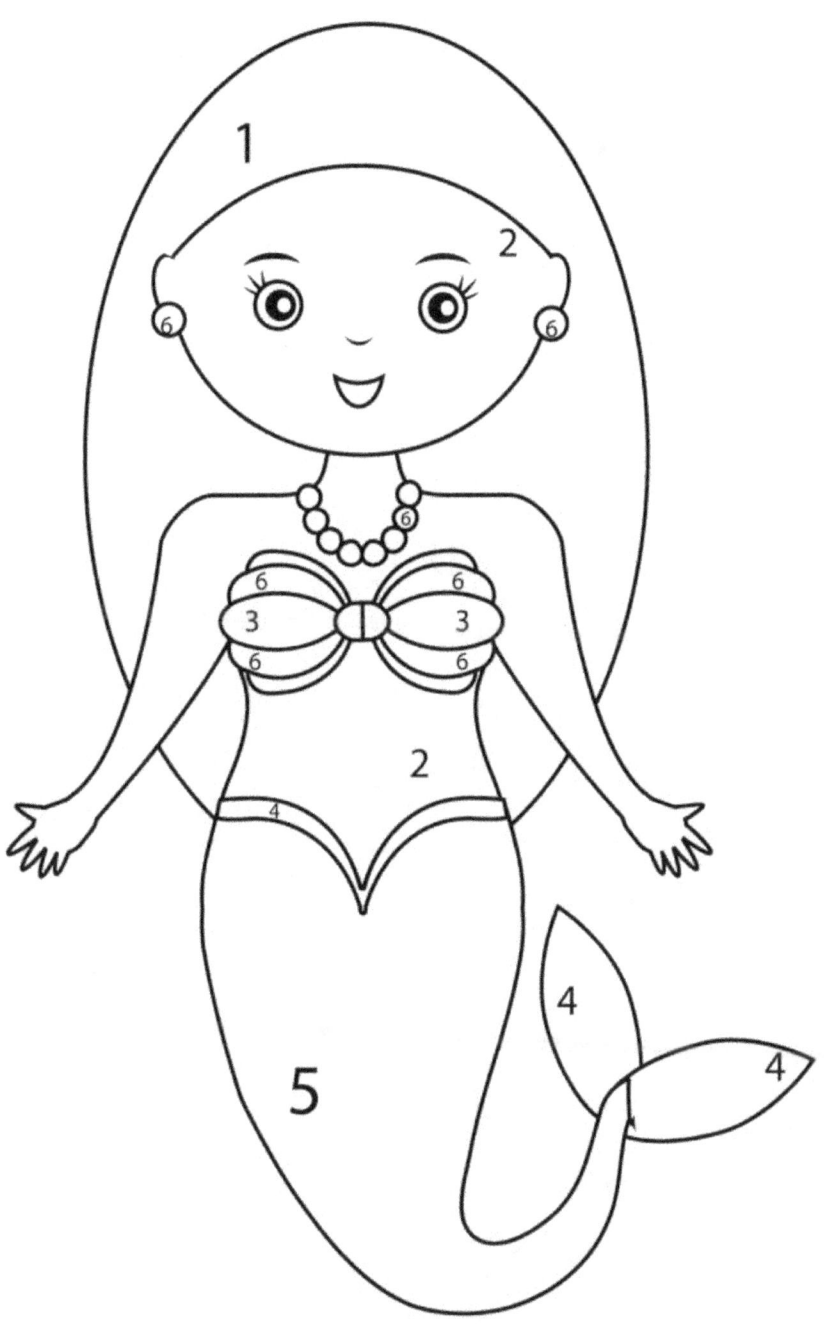

1.orange 2.light pink 3.yellow
4.light green 5.green 6.blue

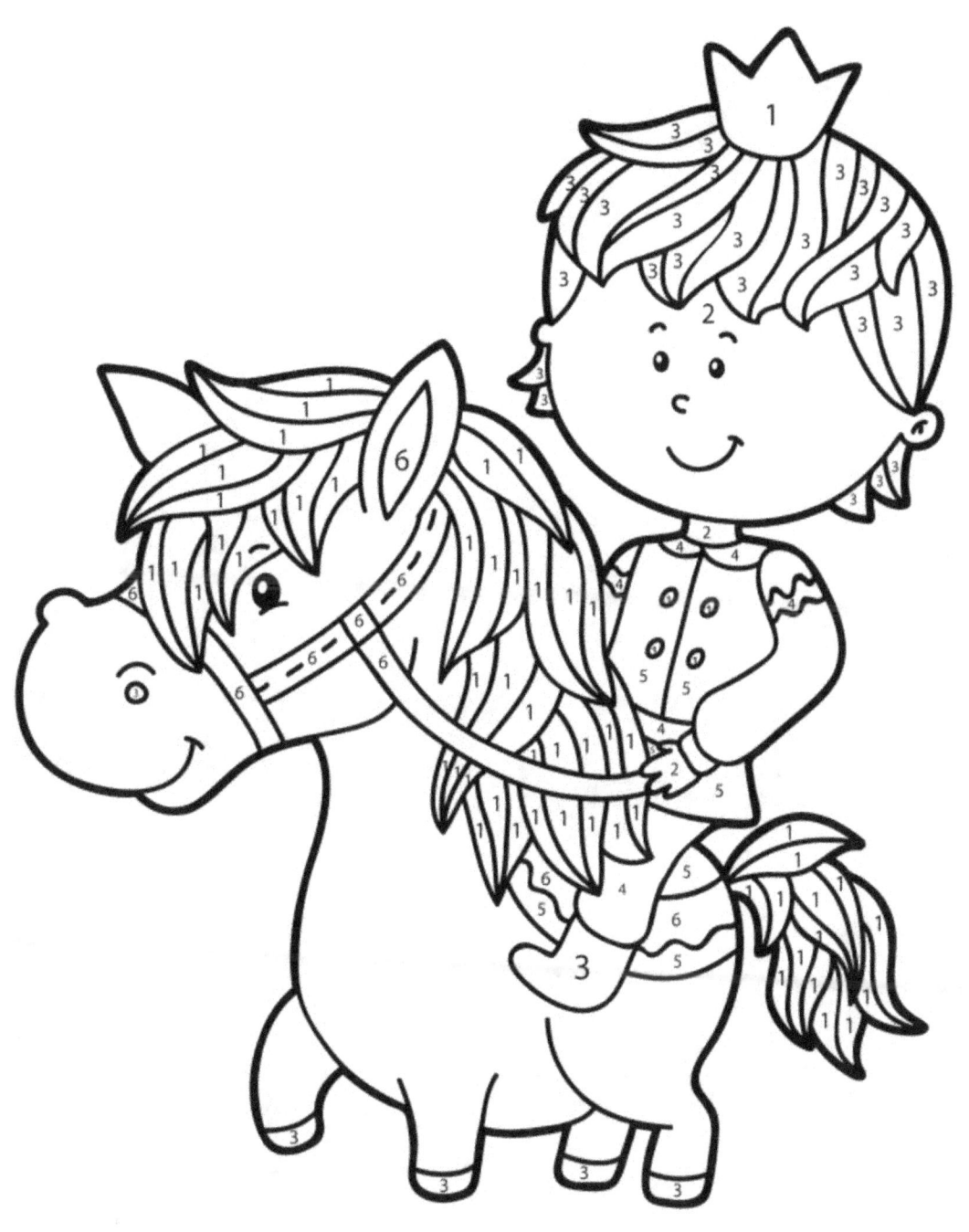

1.yellow 2.cream 3.brown
4.cyan 5.teal 6.pink

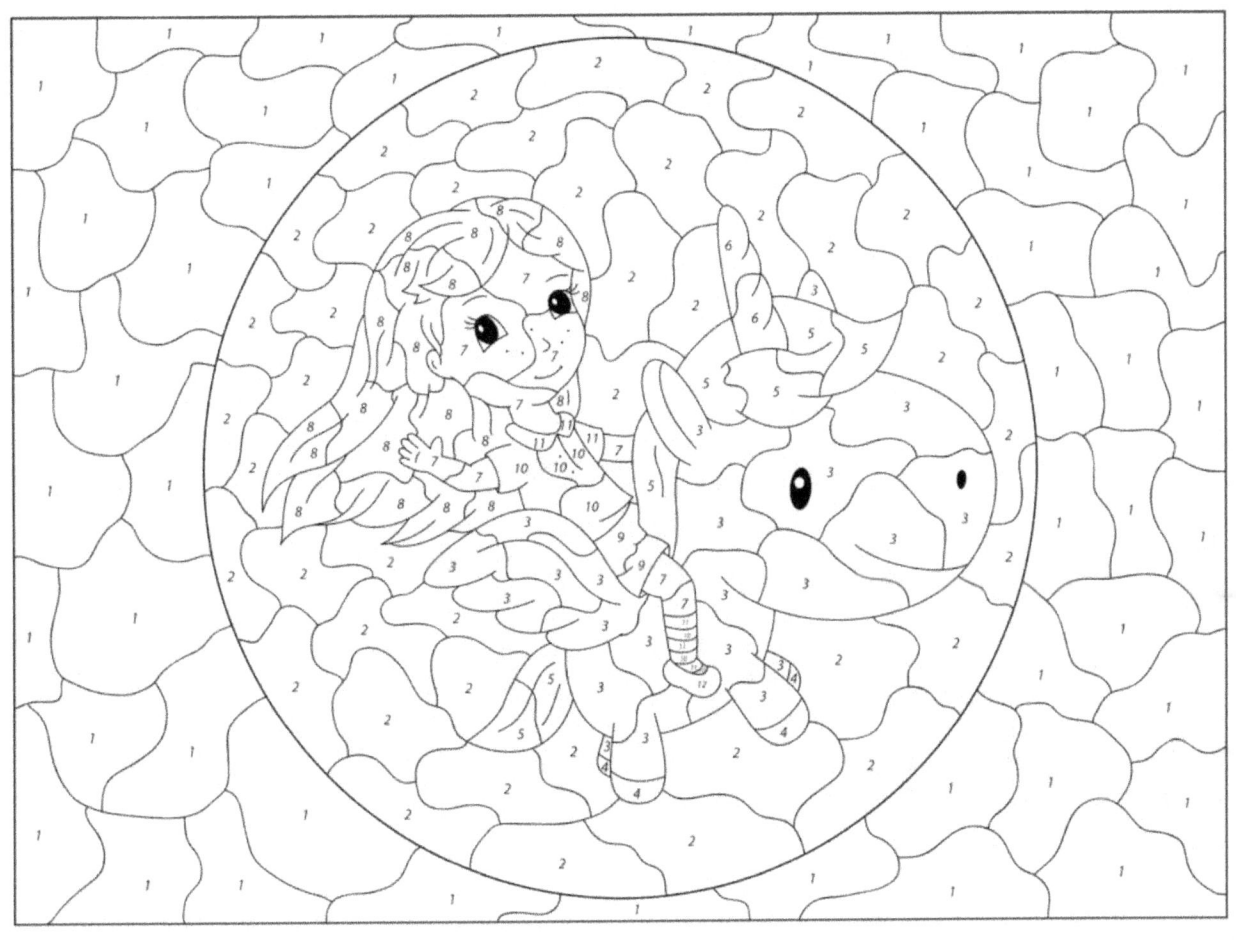

1.turquoise 2.blue gray 3.yellow 4.amber
5.pink 6.peach 7.wheat 8.orange 9.red
10.green 11.light green 12.maroon

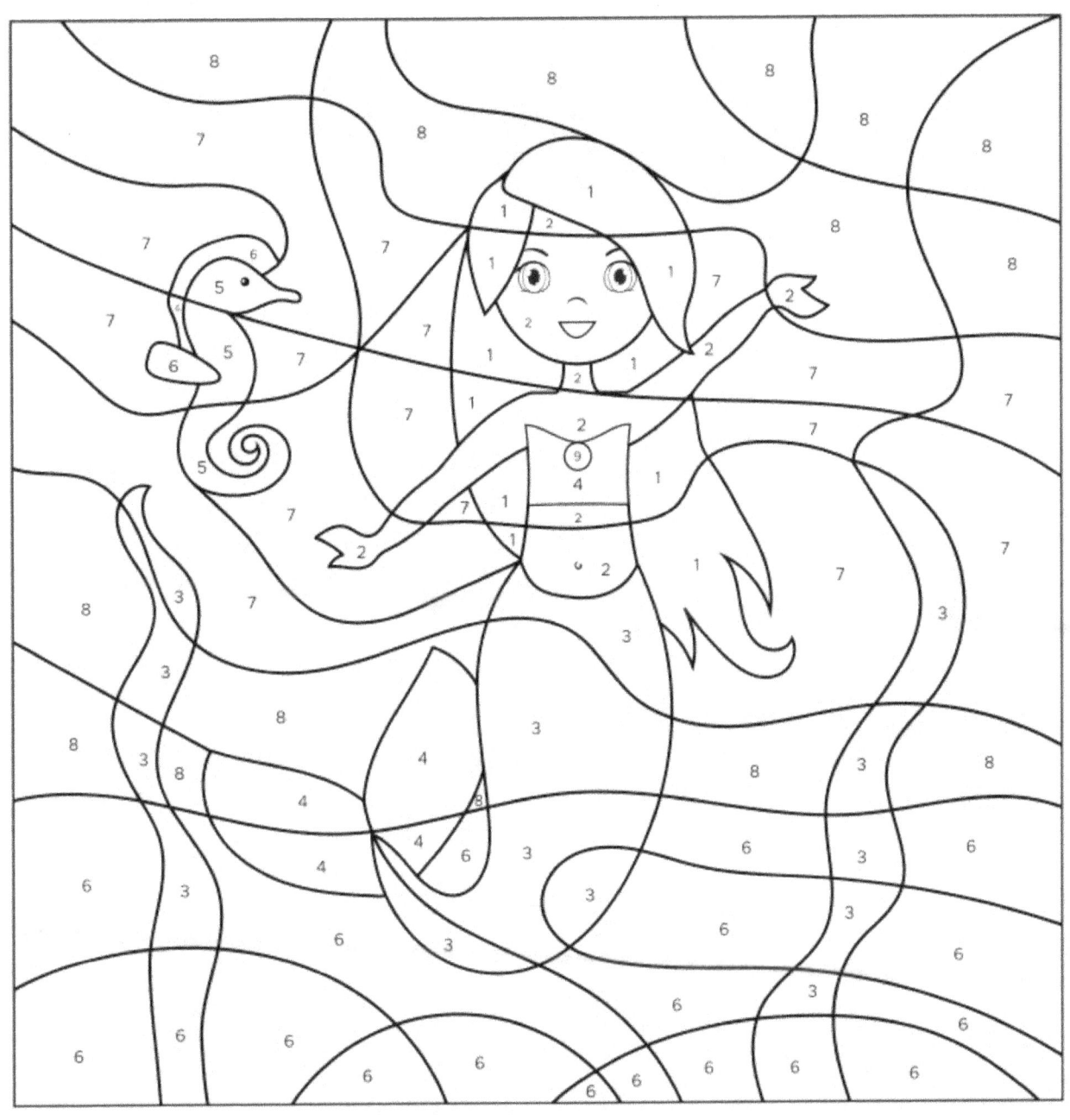

1.red 2.pink 3.navy 4.green 5.orange
6.yellow 7.light green 8.sky 9.silver

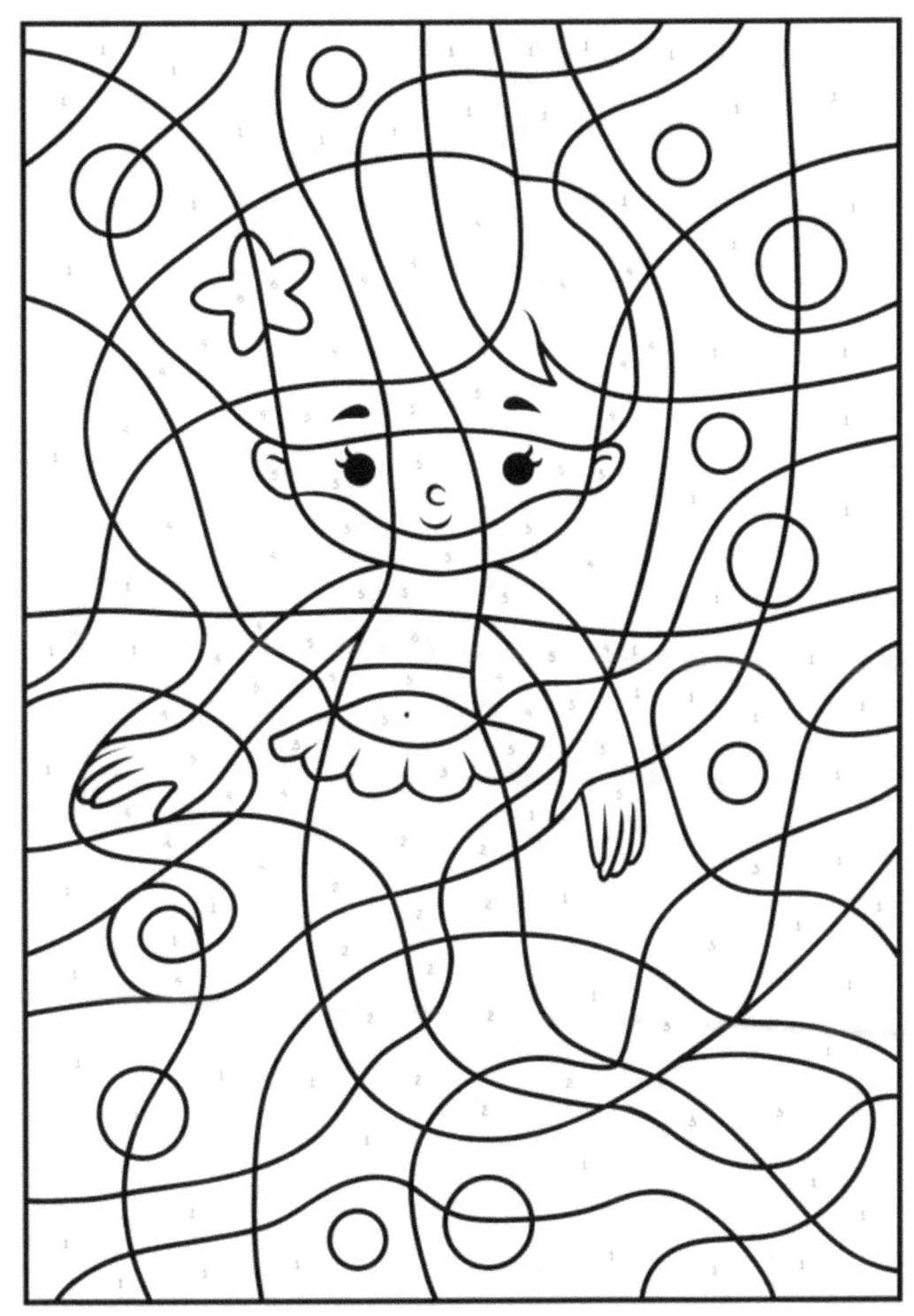

1.light blue 2.green 3.yellow
4.orange 5.beige 6.red

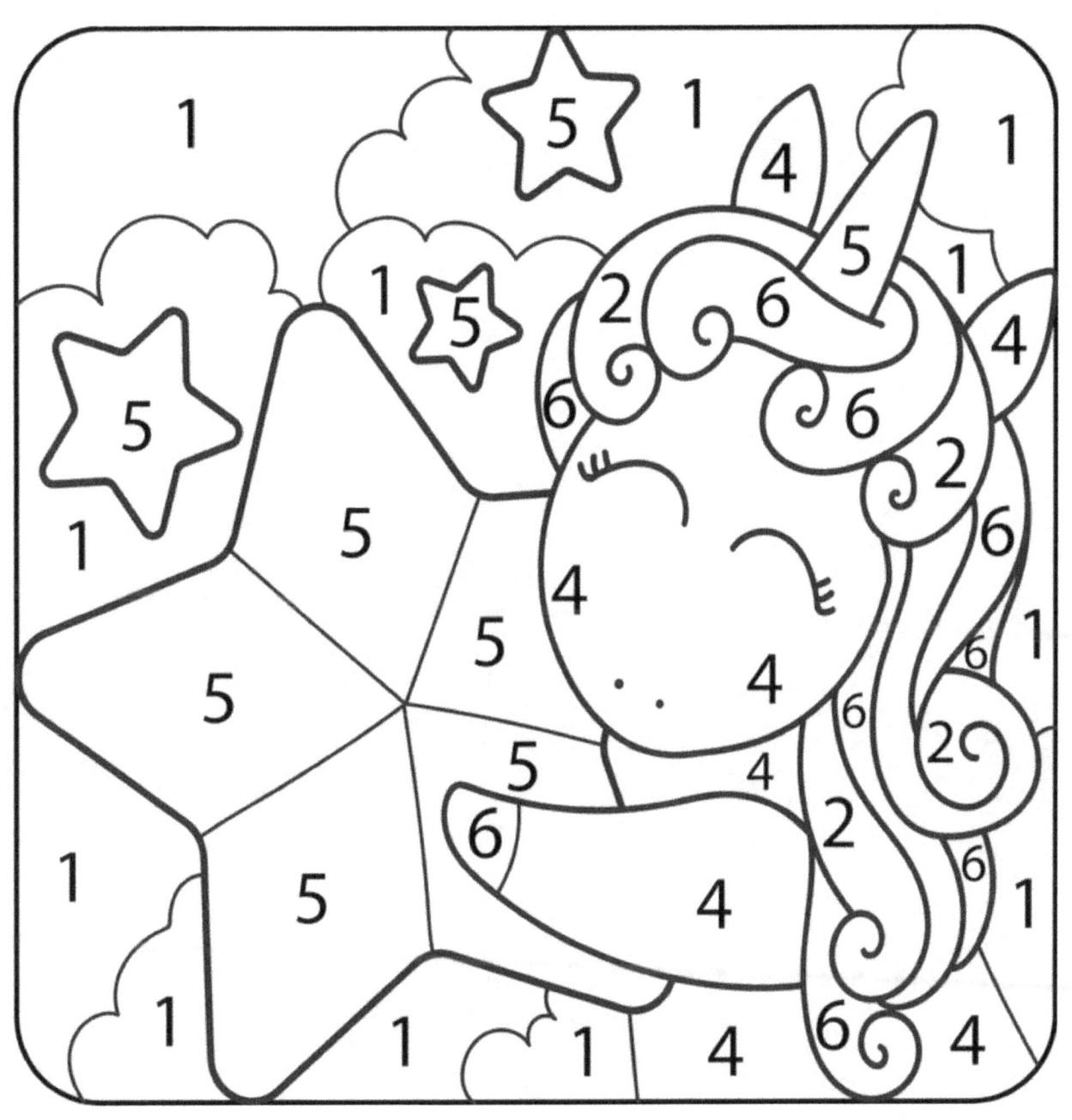

1.blue 2.pink 3.aqua 4.wheat
5.yellow 6.purple

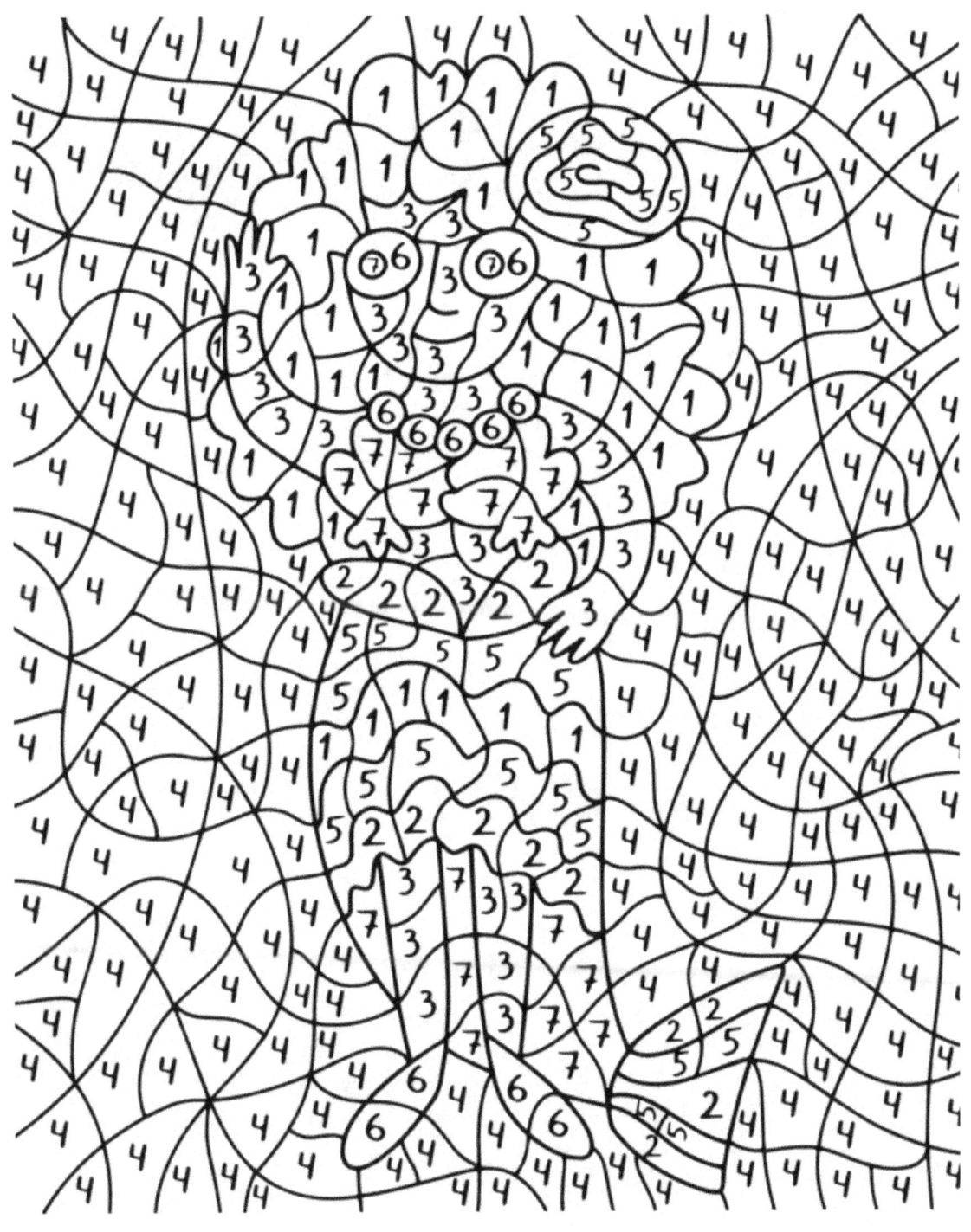

1.purple 2.yellow 3.pink 4.aqua
5.light pink 6.white 7.black

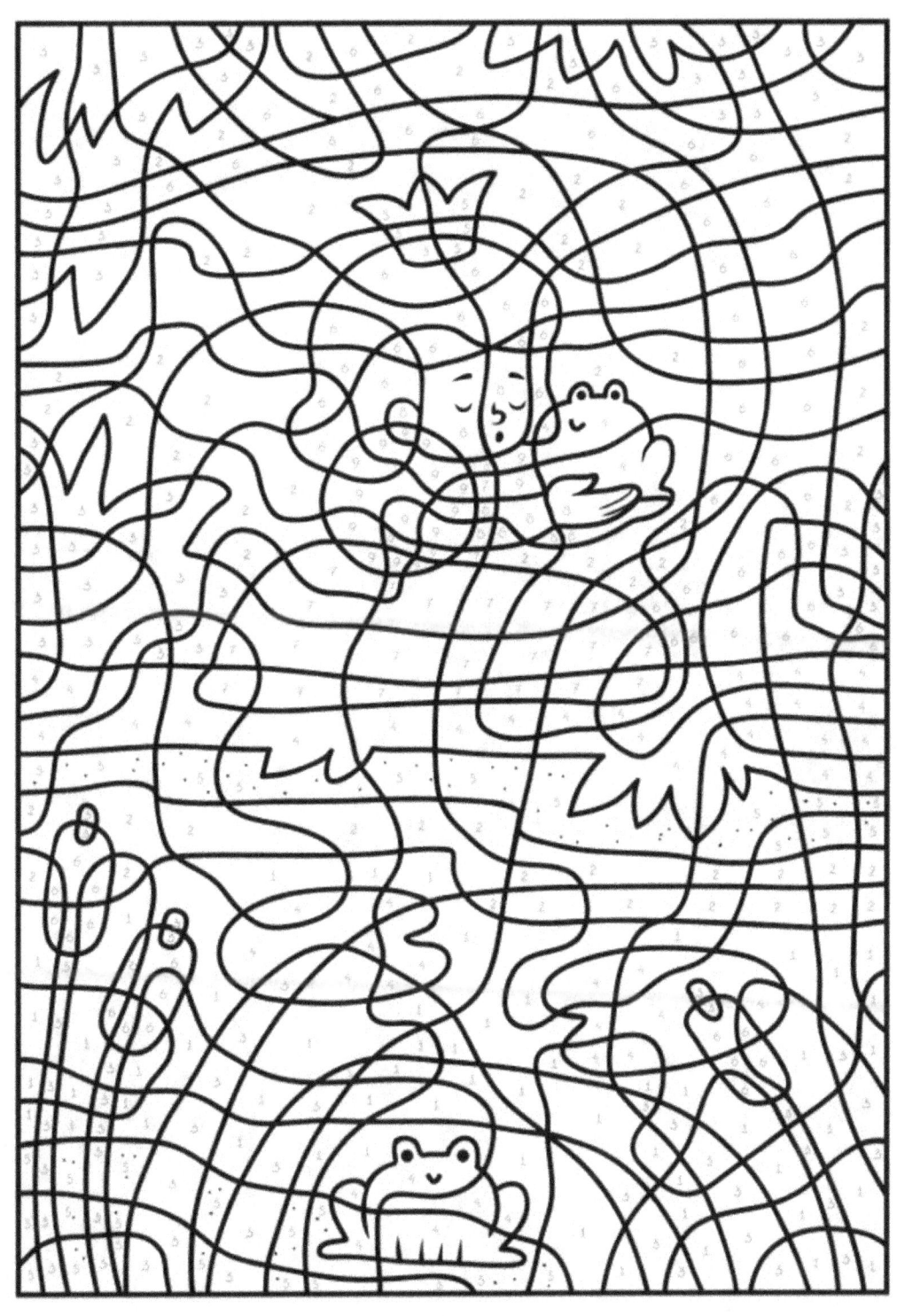

**1.blue 2.cyan 3.green 4.light green
5.yellow 6.brown 7.orange 8.beige 9.red**

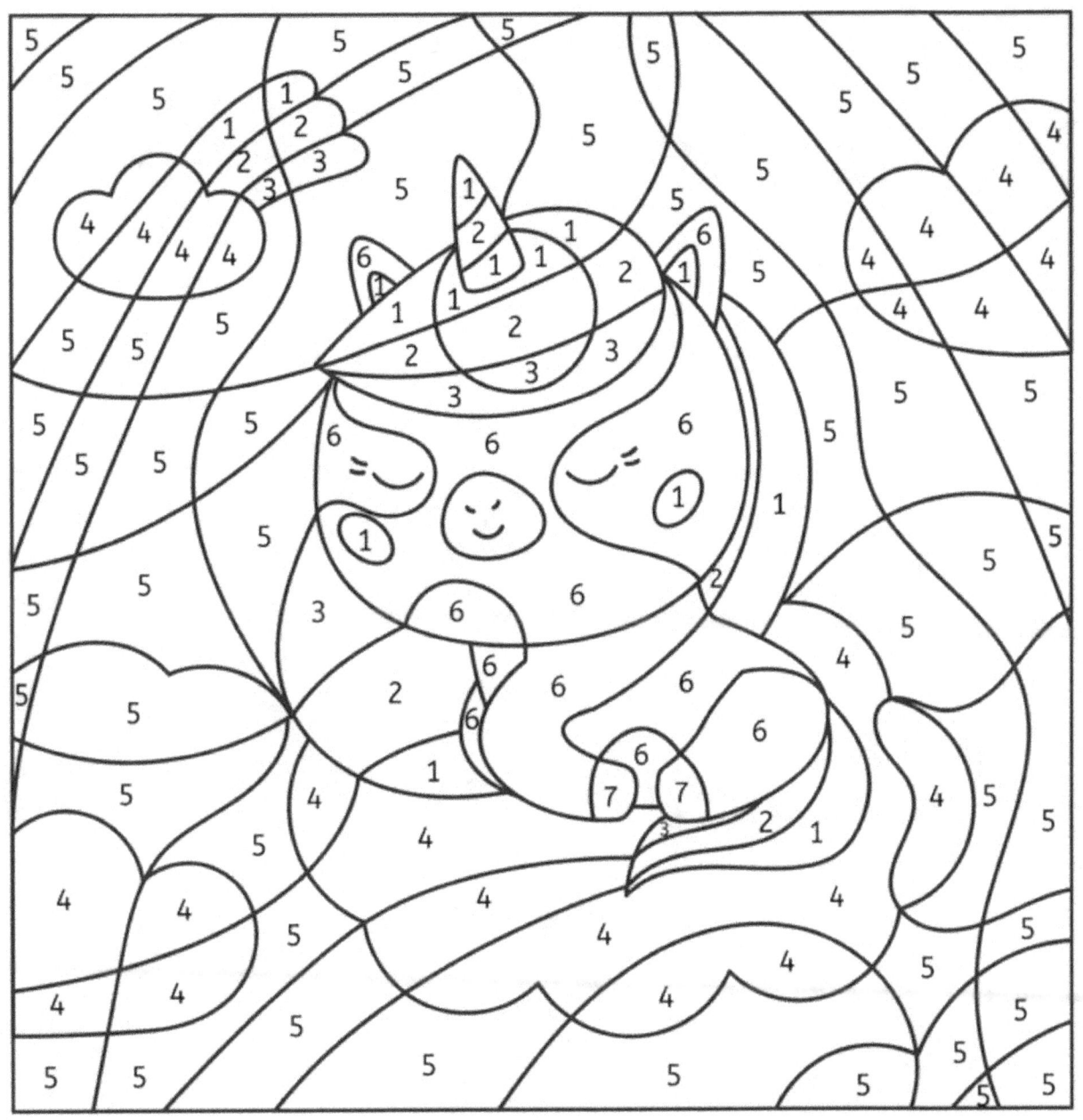

1.orchid 2.salmon 3.blue
4.aqua 5.teal 6.white 7.grey

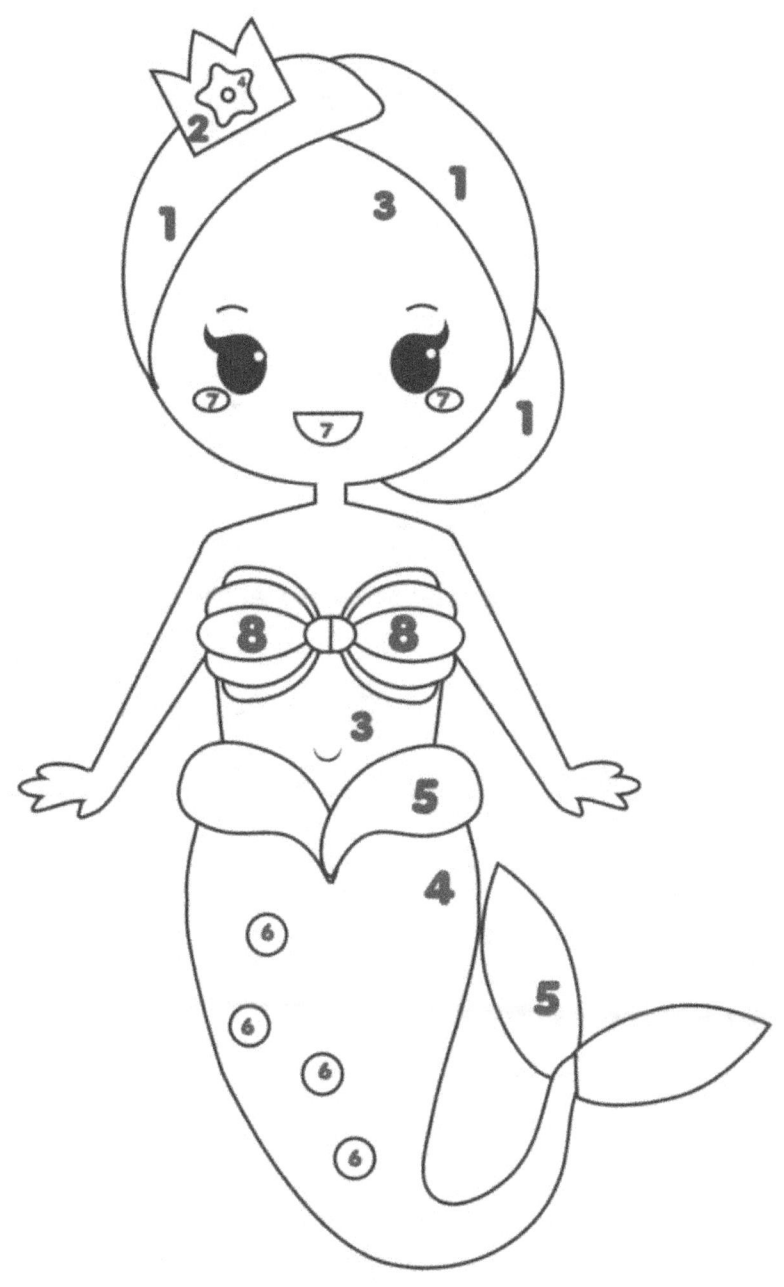

1.orange 2.yellow 3.brown 4.sky
5.green 6.aqua 7.pink 8.dark blue

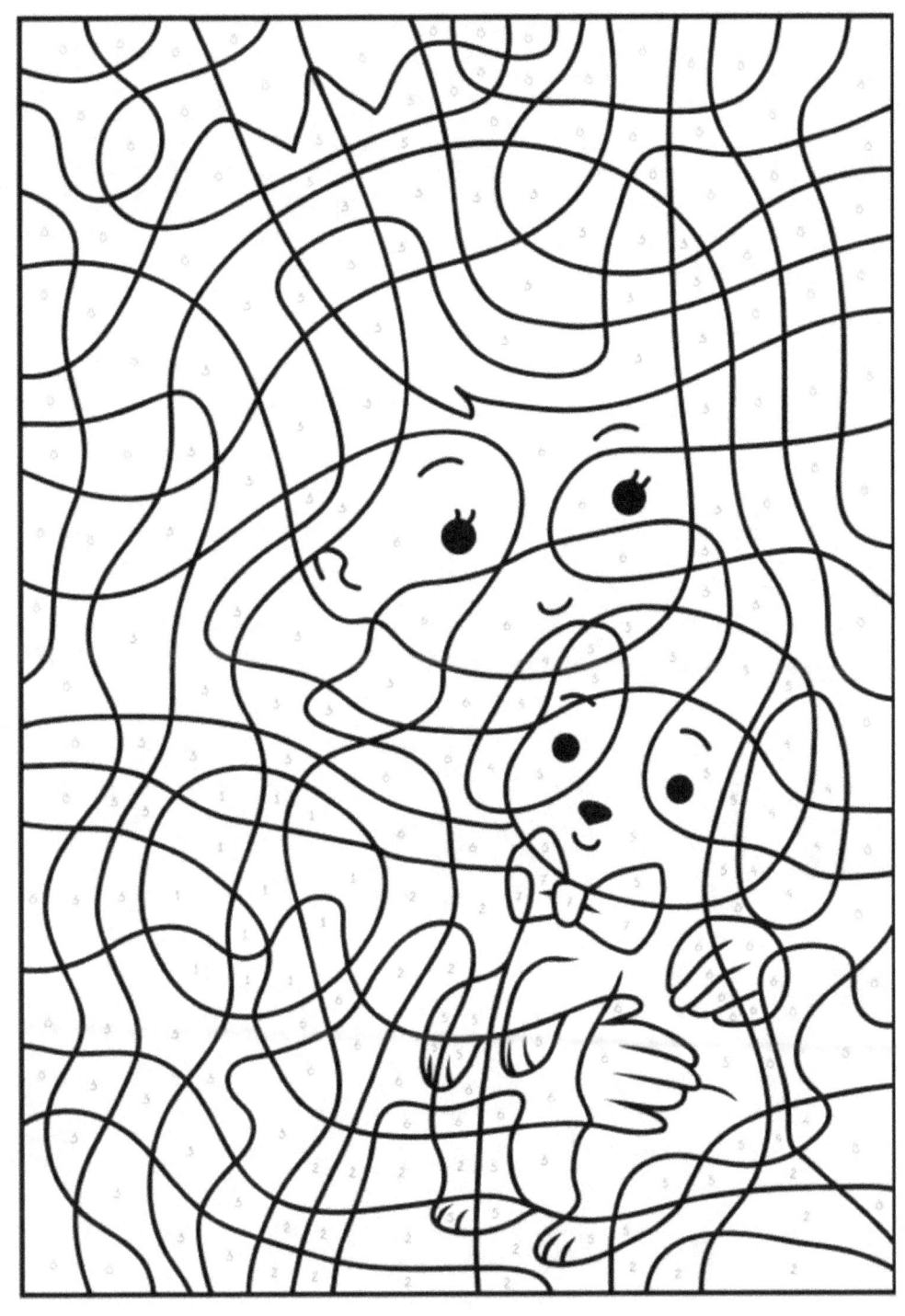

1.blue 2.cyan 3.yellow 4.brown
5.orange 6.beige 7.dark red 8.pink

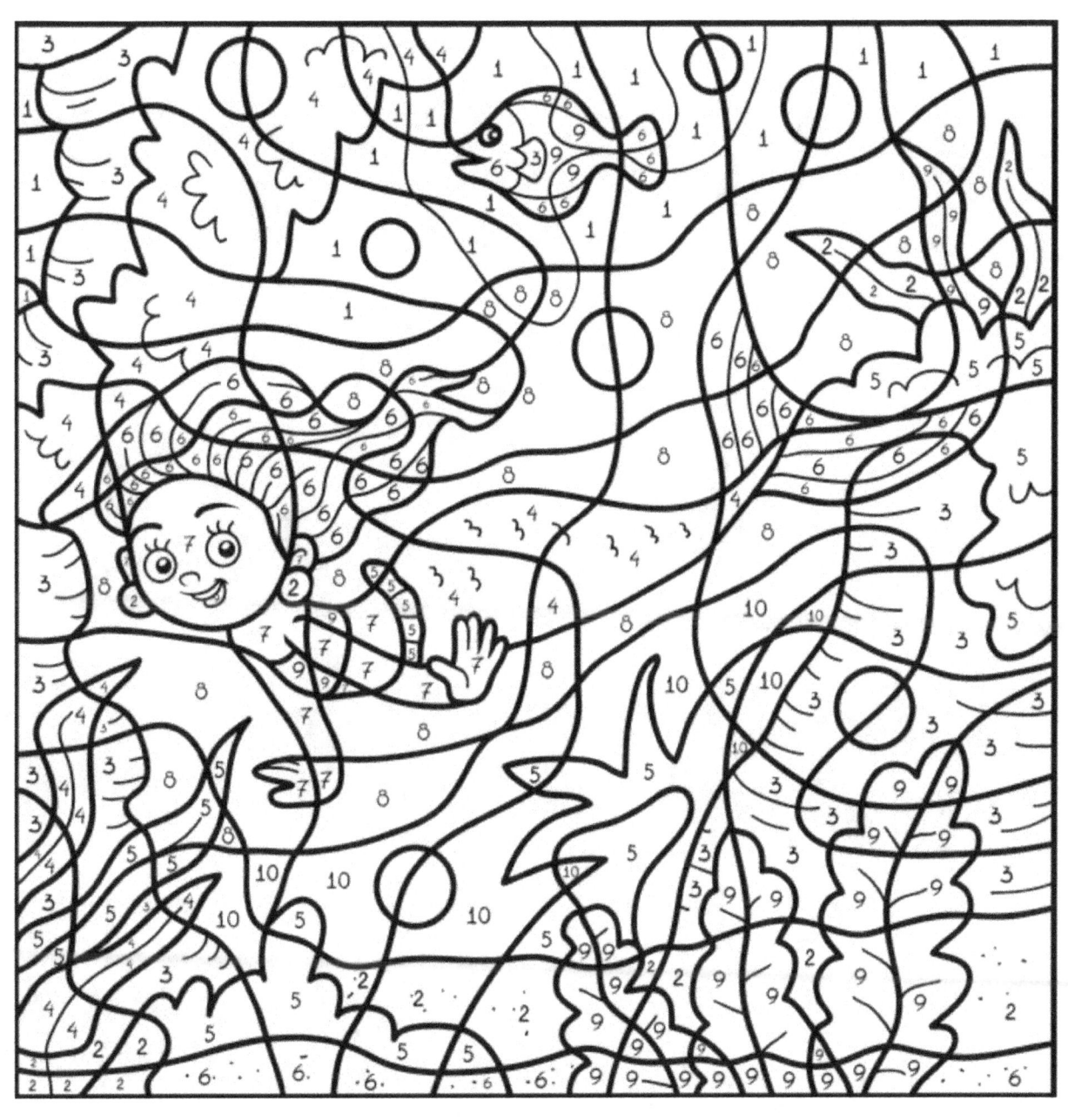

1.sky 2.orange 3.brown 4.light green 5.green
6.yellow 7.wheat 8.blue 9.pink 10.gray

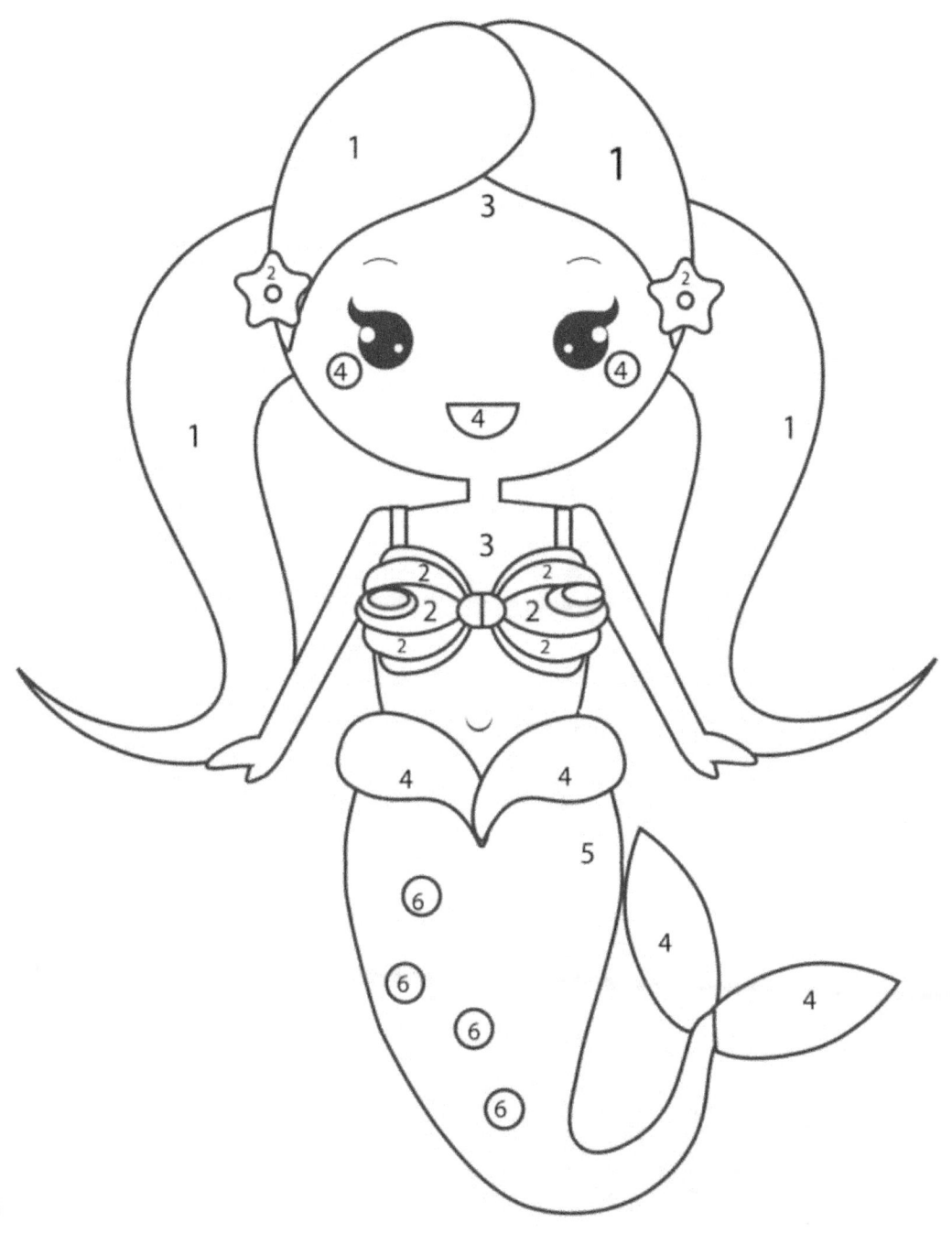

1.sky 2.green 3.brown 4.pink
5.purple 6.orchid

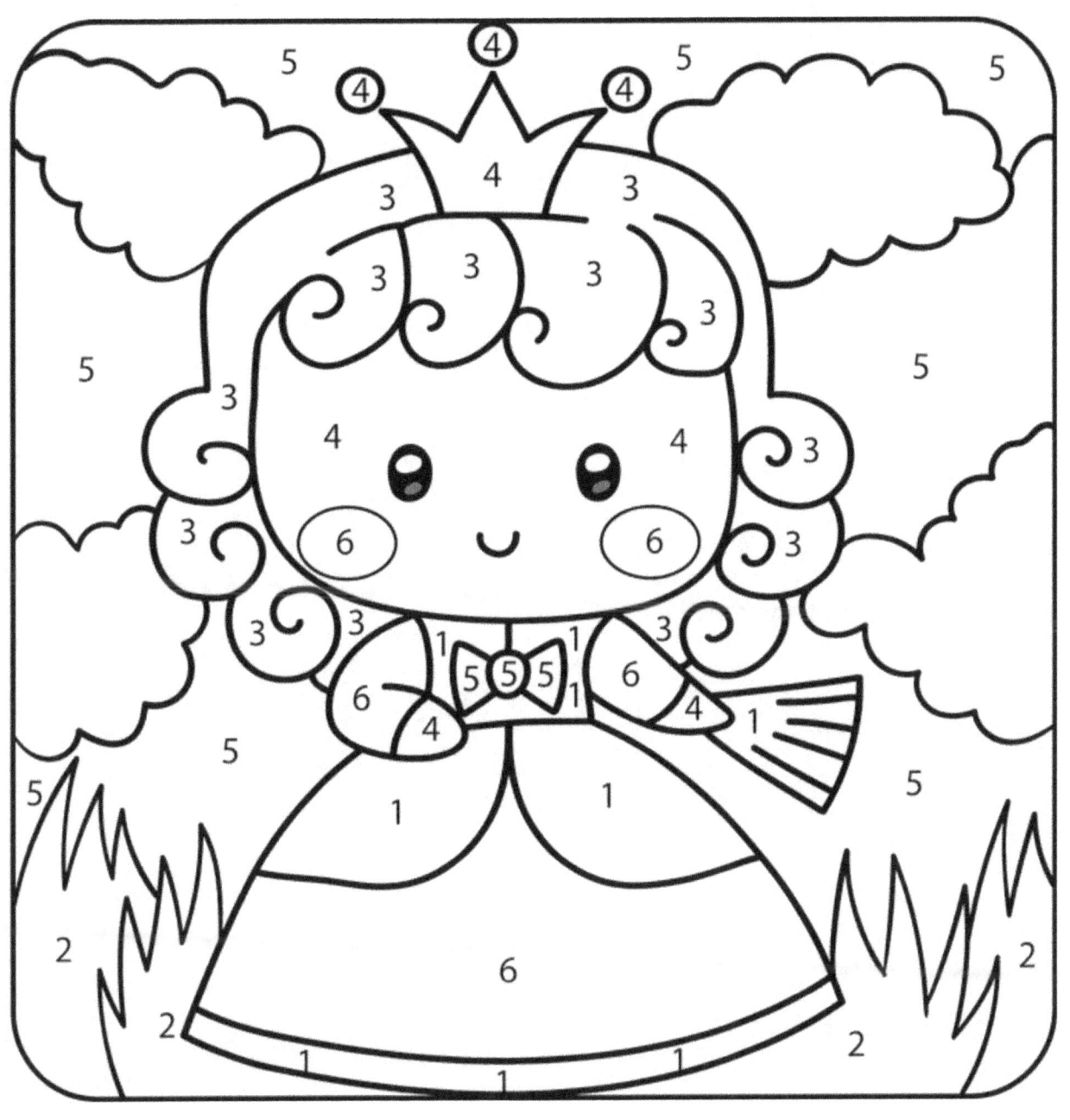

1.navy 2.green 3.orange
4.beige 5.cyan 6.pink

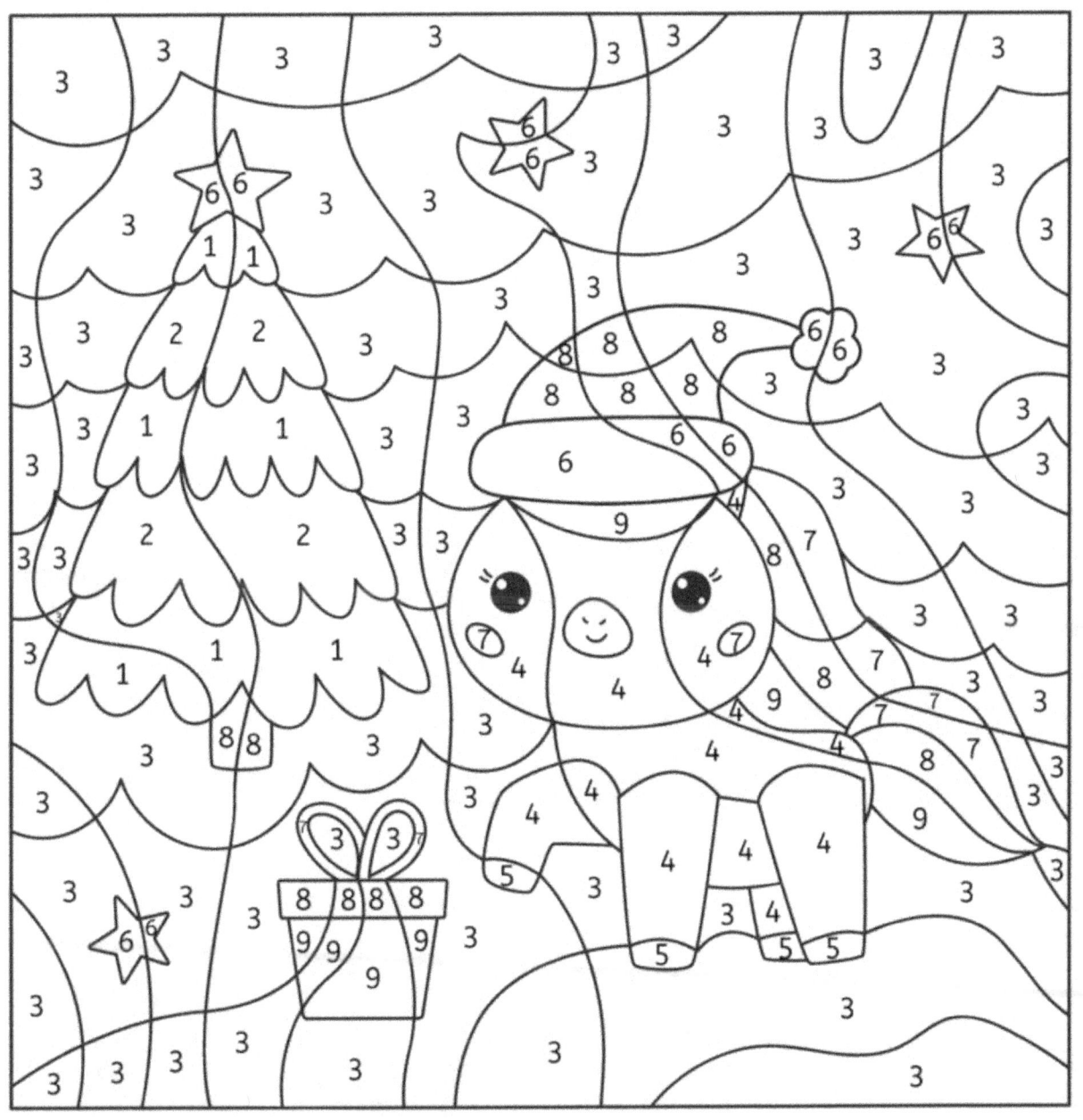

1.turquoise 2.green 3.aqua 4.white 5.gray
6.wheat 7.orchid 8.purple 9.blue

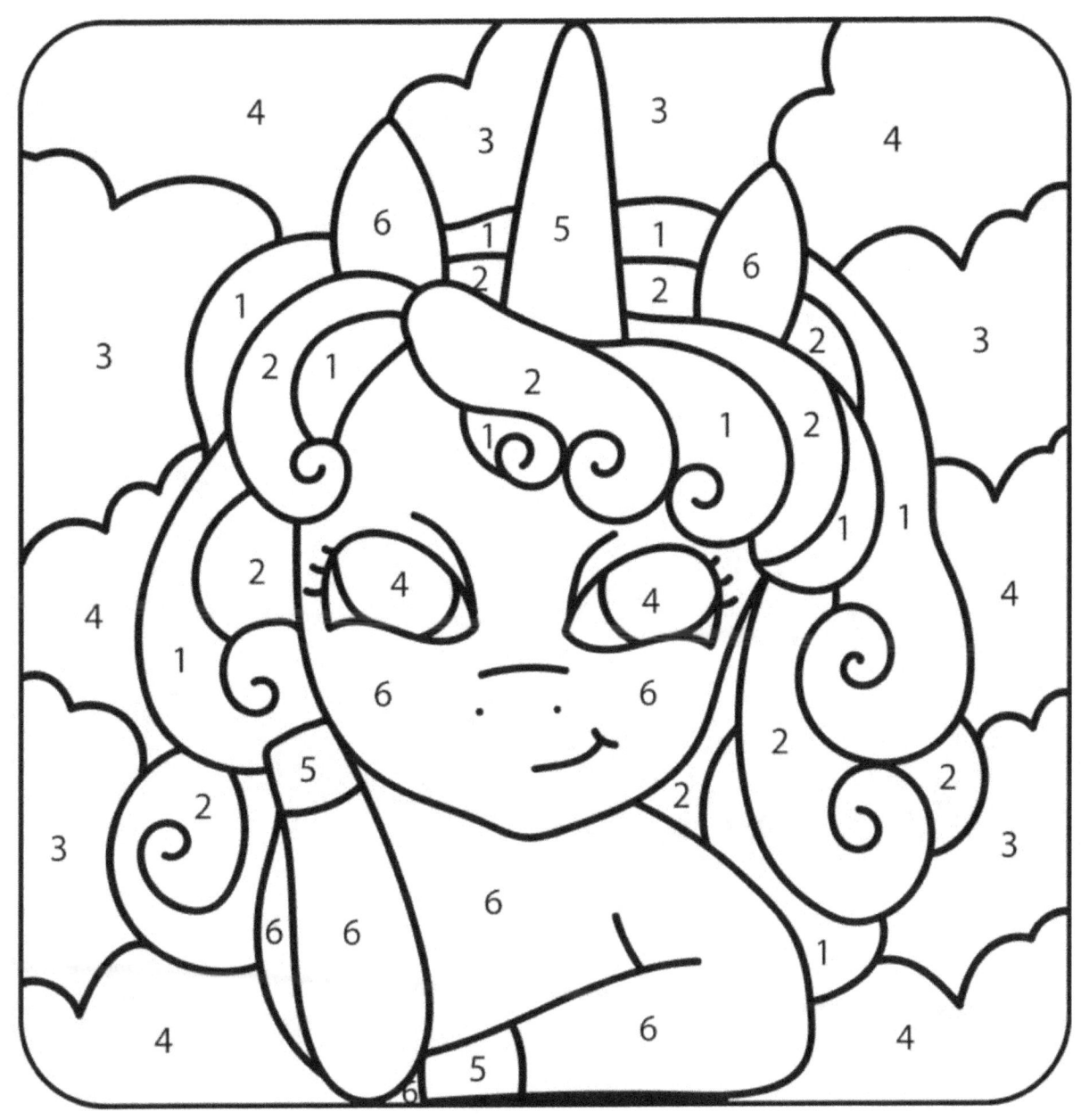

1.blue 2.pink 3.cyan 4.light blue 5.yellow 6.cream

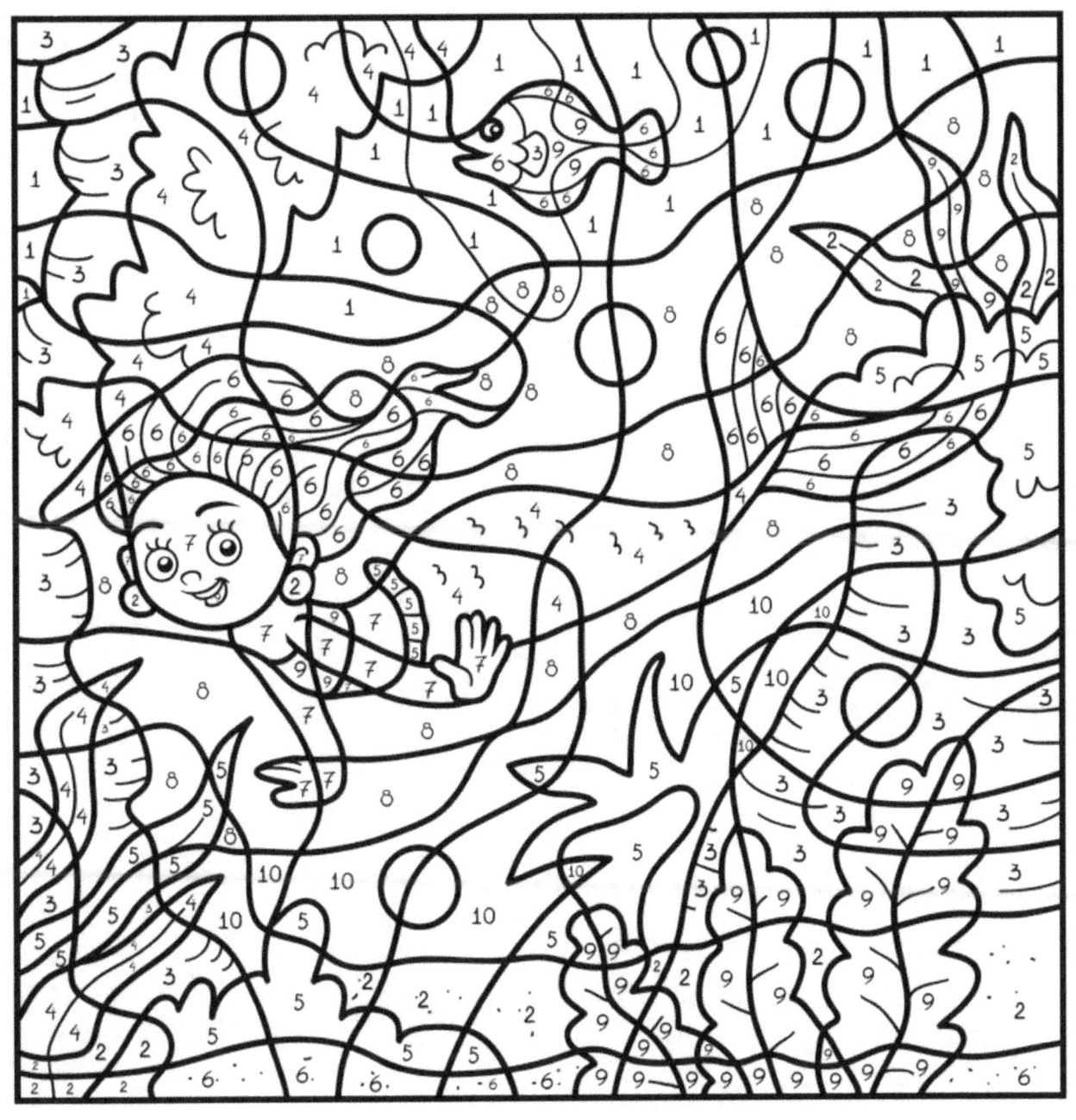

1.light blue 2.orange 3.brown 4.green 5.dark green 6.yellow 7.beige 8.dark blue 9.pink 10.gray

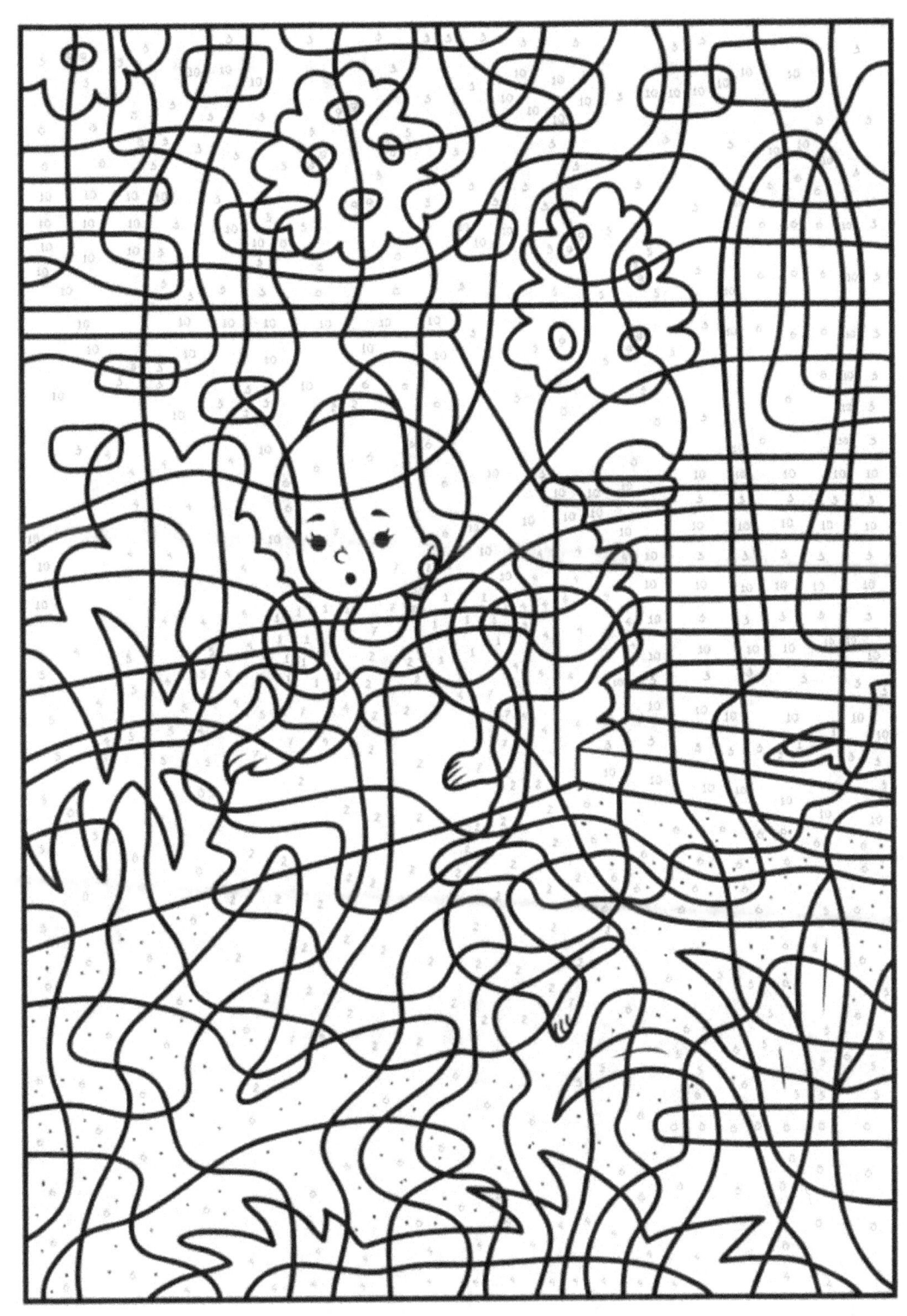

**1.blue 2.cyan 3.gray 4.green 5.light green
6.yellow 7.beige 8.brown 9.red 10.black**